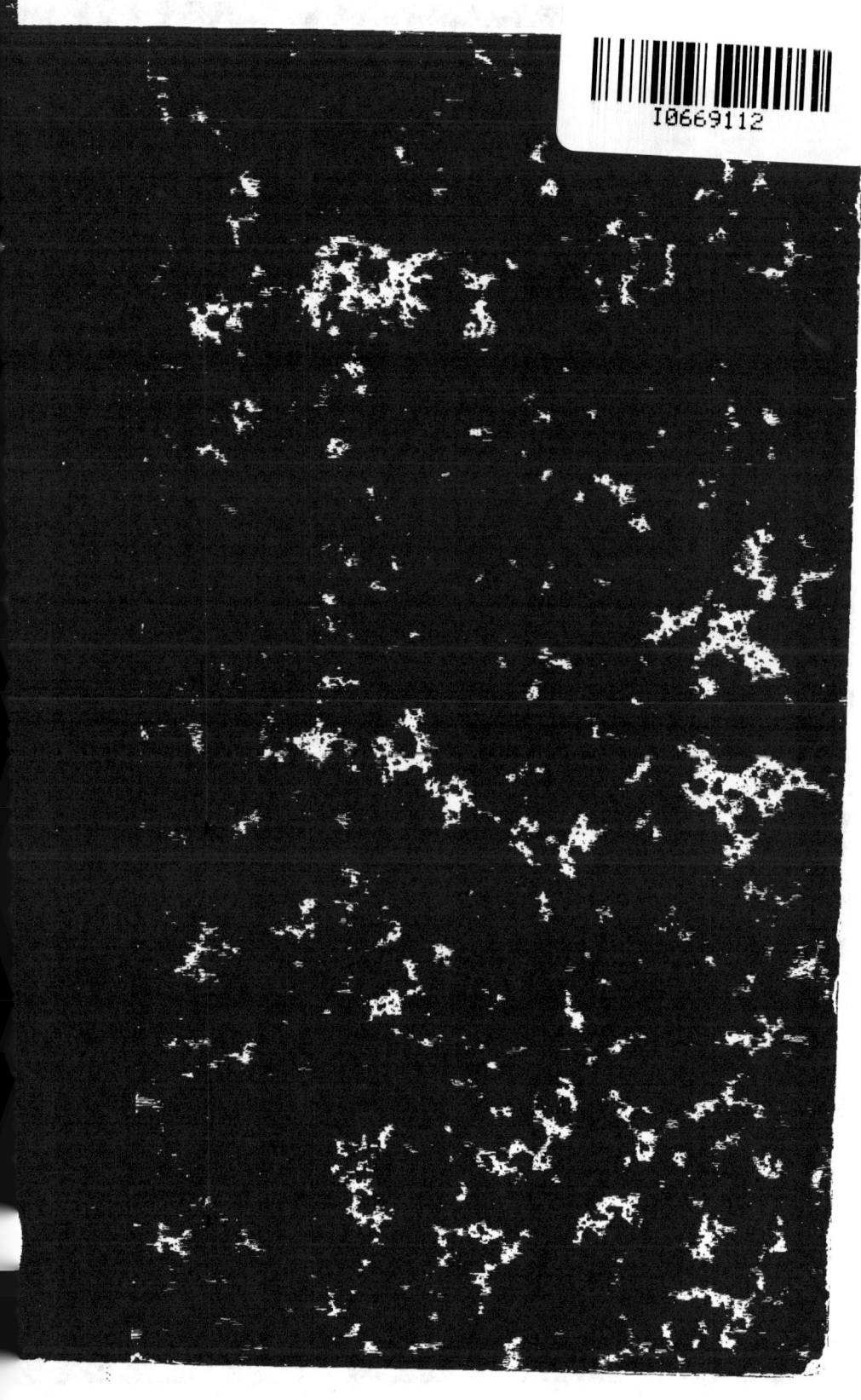

DESCRIPTION HISTORIQUE

DE

L'ABBAYE ROYALE D'HAUTECOMBE,

Et des Mausolées élevés dans son Eglise

AUX PRINCES DE LA MAISON ROYALE DE SAVOIE

PAR

Le Baron Joseph Jacquemoud

SÉNATEUR.

CHAMBÉRY

CHEZ PUTHOD ET CHEZ PERRIN, LIBRAIRES.

Août 1843

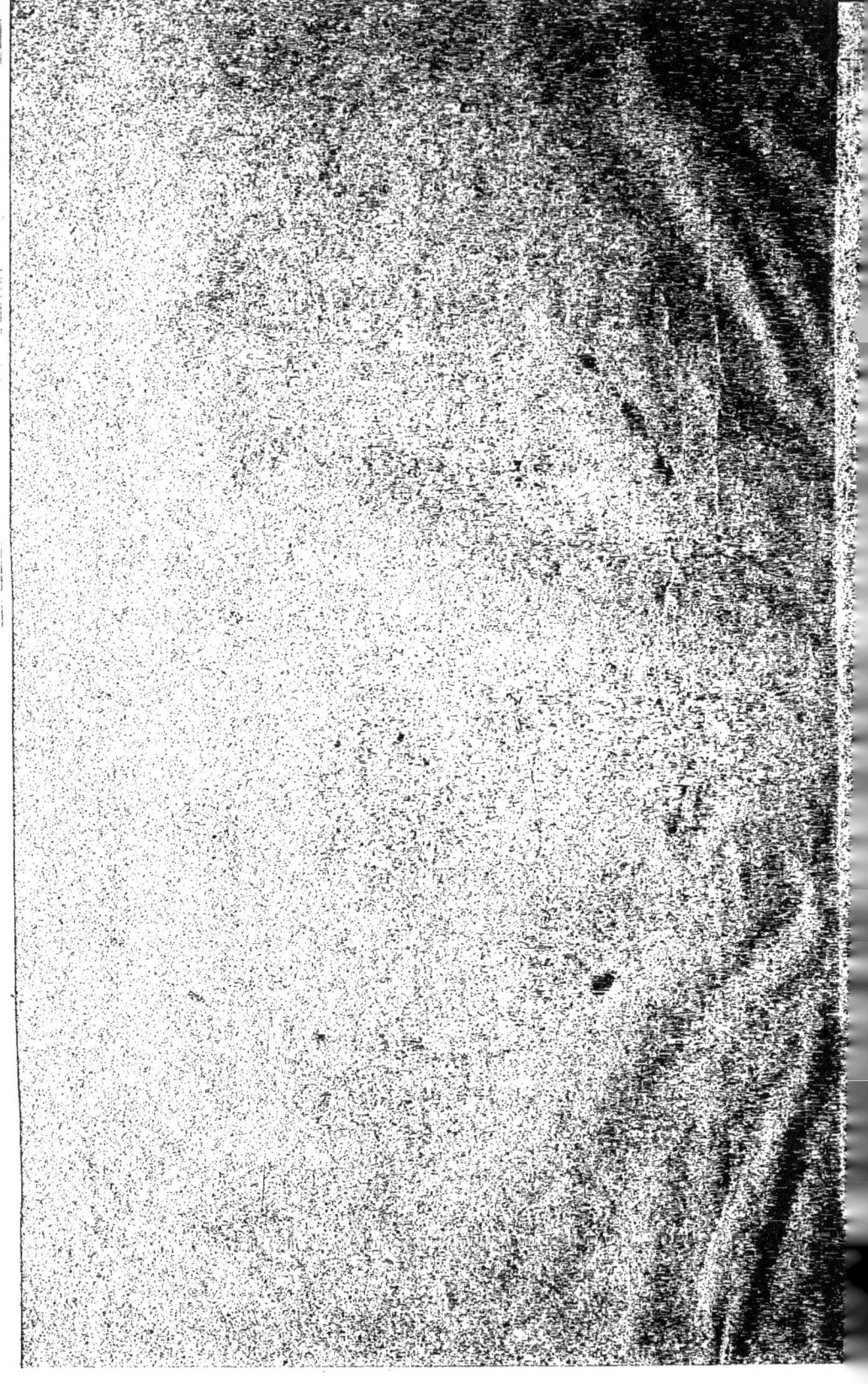

HAUTECOMBE

DESCRIPTION HISTORIQUE

DE

L'ABBAYE ROYALE D'HAUTECOMBE

Et des Mausolées élevés dans son Eglise

AUX PRINCES DE LA MAISON ROYALE DE SAVOIE

PAR

LE BARON JOSEPH JACQUEMOUD

SÉNATEUR.

CHAMBÉRY

CHEZ PUTHOD ET CHEZ PERRIN, LIBRAIRES.

—

Août 1843.

C.

Chambéry, imprim. de Puthod.

HAUTECOMBE

L'abbaye royale de Sainte-Marie-d'Hautecombe est située sur le bord occidental du lac du Bourget, au pied du Mont-du-Chat, à la distance de vingt-quatre kilomètres de Chambéry. L'escarpement de la montagne qui domine l'abbaye, ne permet d'y arriver avec quelque facilité qu'en traversant le lac.

Du port de Puer, près d'Aix, où l'on s'embarque ordinairement, la traversée dure une heure. L'œil est charmé par la fraîcheur du paysage et la richesse des différents points de vue dont on jouit pendant ce trajet ; les eaux bleues et limpides du lac baignent le pied de vertes collines, d'âpres rochers, de massifs d'arbres séculaires et de vastes prairies. Ce tableau ravissant est terminé au nord par la chaîne du Jura, et au midi par la cime des Alpes, couronnée de neiges éternelles.

1

En approchant de l'antique retraite qui fut si chère au bienheureux Humbert et au Roi Charles-Félix, on est frappé de l'isolement du monastère, resserré entre une nappe d'eau et le versant de la montagne. La pensée se reporte alors vers les austères cénobites, les évêques, les souverains pontifes et les saints qui habitèrent cet asile, vers les nombreux héros de la maison de Savoie qui prièrent dans cette église, où ils dorment maintenant sous la pierre des tombeaux ; et l'âme, pénétrée du néant des grandeurs de ce monde, s'ouvre à l'espérance d'une autre vie, et aux consolantes doctrines de la foi.

Le monastère d'Hautecombe, fondé en 1125 par Amédée III de Savoie, appartenait à l'ordre de Citeaux, de la règle de saint Bernard. Pendant plusieurs siècles, le cloître et l'église de l'abbaye furent le lieu de sépulture des princes de la maison de Savoie ; mais lors de la révolution de 1792, le couvent et les terres qui l'entourent furent vendus comme domaines nationaux, et cette antique demeure des souverains fut transformée en une fabrique de faïence. Le défaut d'entretien des bâtiments, et l'usage auquel on les destina, ne tardèrent pas à en amener la ruine. Une partie s'écroula et couvrit de ses décombres les tombes et les caveaux. Heureusement les dépouilles mortelles des princes ne furent pas dispersées.

En 1824, Charles-Félix, Roi de Sardaigne, fit pieusement recueillir les cendres profanées de ses glorieux ancêtres. Avec son patrimoine particulier, il racheta les anciens domaines du monastère, reconstruisit l'église et releva les mausolées. Enfin il rétablit en 1826 les moines de l'ordre de Citeaux dans les bâtiments de l'abbaye.

Les bases de cette restauration furent tracées de la main du Roi ; il choisit lui-même un habile architecte (M. le chevalier Mélano) pour diriger les travaux, et par respect pour la mémoire de ses aïeux, il voulut conserver scrupuleusement dans les constructions nouvelles, la forme, le style et le caractère primitif des anciennes constructions.

Ce vénérable monarque, enlevé à l'amour de ses sujets le 27 avril 1851, avait ordonné dans son testament que son corps serait transporté à Hautecombe, où il a été inhumé avec pompe le 11 mai suivant.

Les ornements intérieurs de l'église et les bâtiments adjacents n'étaient pas terminés, et la magnifique façade occidentale n'était point encore commencée. S. M. la Reine Marie-Christine, auguste veuve du Roi, secondée par le dévouement éclairé de S. Exc. M. le comte Philibert de Collobiano, son chevalier d'honneur, a fait continuer les travaux avec autant de munificence que de goût. Cette sainte entreprise a été entièrement achevée en 1843; il a fallu une volonté royale et des mains généreuses pour faire exécuter tant de travaux dans un aussi court intervalle.

Au mois de juillet de la même année, Sa Majesté la Reine Marie-Christine est venue accomplir un pieux pèlerinage auprès des dépouilles mortelles de son illustre époux. Cette vertueuse princesse, providence des malheureux, a recueilli pendant son séjour en Savoie les bénédictions du pauvre et les hommages de la population.

Les vastes bâtiments du monastère, la belle architecture gothique de l'église, le mérite des ornements, des vitraux et des peintures qui la décorent, le majestueux caractère des tombeaux et des cénotaphes, la perfection des bas-reliefs et des statues, dont le nombre s'élève à près de trois cents, rendent l'abbaye royale d'Hautecombe aussi précieuse aux beaux-arts qu'à la religion. Ses monuments ne sont pas moins précieux à la gloire et à la nationalité de la Savoie. Ils rappellent quelques-unes des illustrations que les fiers descendants des Allobroges ont fournies à l'église, leur foi antique et leurs exploits en Orient, lors des Croisades, leur attachement à la cause du Saint-Siége, pour laquelle ils ont versé leur sang dans les interminables guerres d'Italie, leurs hauts faits militaires sur presque tous les champs de bataille de l'Europe, où ils ont toujours accompagné leurs princes.

Quelquefois vaincus, mais jamais subjugués, les Savoisiens, malgré les étroites limites de leur territoire, ont conservé avec honneur, depuis plus de deux mille ans, leur nationalité au centre des Alpes. Ils y attachent plus de prix qu'à la vie. Ce noble sentiment, qui prend sa source dans l'amour de la gloire et de l'indépendance, dans la solidité du caractère et des principes de morale, est le fondement de leur affection dévouée et de leur fidélité inaltérable à l'auguste maison de Savoie. Ils en reçoivent en échange, depuis huit siècles, les bienfaits d'un gouvernement sage, éclairé, paternel et approprié à la simplicité de leurs mœurs. En parcourant l'histoire des princes guerriers et législateurs ensevelis à Hautecombe depuis le douzième siècle, on voit que Humbert III, Thomas I, Amédée IV, Amédée V et ses successeurs possédèrent la plupart des qualités éminentes qui font briller d'un si vif éclat le trône du Roi CHARLES-ALBERT, et font aimer et admirer son règne.

Cet opuscule est divisé en quatre parties.

La première contient la description des façades, du périmètre extérieur de l'église et de sa forme intérieure. Un plan topographique de l'église, numéroté, et accompagné en regard d'un tableau contenant cinquante articles, indique la place des monuments et objets d'art.

La seconde partie donne les traits principaux de la vie de chaque prince auquel un monument est élevé. Les chapelles, les tombeaux et les objets d'art sont décrits dans des articles séparés, dont le numéro correspond à celui du plan, et ces articles sont assez concis pour pouvoir être lus à mesure qu'on parcourt l'église.

La troisième partie est consacrée aux autres curiosités qui méritent l'attention du voyageur, telles que le cloître, les appartements royaux, la chapelle de saint André, la tour du phare et la fontaine intermittente.

La quatrième partie renferme un aperçu historique de l'abbaye depuis sa fondation jusqu'à ce jour.

CHAPITRE PREMIER.

FAÇADE PRINCIPALE.

La façade principale, que S. M. la Reine Marie-Christine
a fait construire, est tournée du côté de l'occident, c'est-
à-dire du côté de la montagne ; elle appartient au style
gothique qui précéda celui de la renaissance, appelé
gothique fleuri, à cause de la multiplicité et de l'élégance
de ses ornements.

Le premier plan est formé par la porte et ses deux
fenêtres latérales taillées en ogives, enrichies de filets et
de cordons du meilleur goût.

Le second plan est occupé par une galerie d'arcades et de pilastres de petite dimension , qui ajoutent par leur délicatesse à la grandeur apparente de l'ensemble.

La porte et les fenêtres sont séparées et arc-boutées par quatre contreforts , qui divisent ainsi la façade en trois compartiments verticaux. Chaque contrefort est orné de deux statues de grandeur naturelle , posées sur des modillons et surmontées de baldaquins ; il se prolonge en forme de pyramide très-élevée, terminée par un fleuron.

Les quatre statues du rang inférieur qui décorent le premier plan de la façade , représentent les vertus théologales : la *Foi* , tenant en main la sainte hostie ; l'*Espérance*, ayant l'ancre à ses pieds ; la *Charité* , recueillant auprès d'elle des enfants abandonnés , et la *Religion* , portant le signe de la rédemption.

Dans le vide laissé sous le cordon , à droite et à gauche de chaque ogive , sont sculptés six médaillons portant l'écusson de Savoie : *une croix d'argent sur fond de gueule.*

Le cordon horizontal qui règne entre le premier et le second plan est brodé en feuilles de chêne entrelacées d'une manière gracieuse avec des lettres, dont la réunion exprime que cette église est le lieu de repos du Roi Charles-Félix :

Hic jacet Carolus Felix Rex optimus.

Les quatre statues du rang supérieur représentent les vertus cardinales : la *Justice* , avec le glaive et les balances ; la *Force* , appuyée sur une massue ; la *Tempérance*, dont le symbole est un frein , et la *Prudence* , portant un miroir pour attribut.

FAÇADE PRINCIPALE.

Le compartiment formé par les contreforts du centre
est surmonté d'un fronton pyramidal orné d'une corniche,
dont le milieu est occupé par une belle rosace.

On voit à la pointe de la pyramide une couronne de
fleurs attachées avec des rubans, au milieu de laquelle
sont entrelacées les deux lettres qui forment le chiffre de
la Reine Marie-Christine : 𝔐 ℭ

Ces lettres, ainsi que celles 𝔇 𝔇 𝔇 qui entourent la
partie supérieure de la rosace, et celles 𝔇 𝔒 𝔐 placées
dans sa partie inférieure, présentent les initiales de
l'inscription suivante, destinée à rappeler que cette
façade a été élevée par la Reine Marie-Christine.

MARIA . CHRISTINA

DEDIT . DONAVIT . DEDICAVIT

DEO . OPTIMO . MAXIMO

Les deux compartiments latéraux qui surmontent les
fenêtres, sont terminés par une frise élégante et une corniche placées au-dessus de la galerie.

Cette façade, taillée en pierre de Seyssel, est considérée avec raison comme une belle page architecturale;
les nombreux détails de statuaire et de sculpture dont elle
se compose, offrent un ensemble plein d'harmonie et de
richesse, sans laisser aucune confusion.

2

FAÇADE LATÉRALE.

En tournant à gauche, du côté du nord, on voit une façade latérale du même style, contiguë à la précédente ; elle a résisté aux injures du temps, et malgré son ancienneté, les ornements en sont bien conservés. Les statues sont modernes. Les arcades de l'attique sont aussi d'une construction récente ; elles ont été ajoutées pour mettre la hauteur de cette ancienne façade en rapport avec celle de la façade principale. La porte, qui servait autrefois d'entrée à la chapelle de Belley, est décorée des armoiries de Claude d'Estavayé, son fondateur. Elle a été condamnée après la construction de la façade occidentale, dont la porte s'ouvre en face de la nef centrale de l'église.

Les statues de grandeur naturelle placées sur le contrefort à droite, représentent, au-dessus, le pape Célestin IV, et au-dessous, saint Zénon, ermite. Les statues correspondantes sur le contrefort à gauche, sont celles de saint Augustin et de saint Vital. La statue de demi-grandeur qui orne le pilastre de la porte du côté droit, est celle de saint Malchus, ermite ; la statue de sainte Rose est placée entre cette dernière et le contrefort ; les statues opposées sont celles de saint Gaultier, ermite, et de sainte Clorinde, martyre.

PÉRIMÈTRE EXTÉRIEUR.

A quelque distance de la façade latérale , en avançant vers le lac , on lit , derrière la rotonde de saint Félix , l'inscription suivante ; elle apprend que cette abbaye , détruite par le malheur des temps , a été relevée de ses ruines par la piété de Charles - Félix , Roi de Sardaigne , qui a fait ces dépenses non en qualité de souverain , mais avec son patrimoine particulier.

REX . CAROLUS . FELIX
LOCO . ÆRE . SUO . REDEMPTO
MONUMENTA . MAJORUM
OB . VETUSTATEM . DIU . NEGLECTA
LUSTRATIONIBUS . EXPIANDA . CURAVIT
TEMPLUM . QUOD . BELLUM . ET . LICENTIA . TEMPORUM
PROFANUM . FECERANT
AMPLIATO . SOLO . ITERUM . DEDICAVIT
COENOBIUM . RESTITUIT
A . M . DCCC . XXVI

On trouve un peu plus loin une porte latérale dont les ornements sont anciens , et qui conduit dans la croisée de l'église. Les deux contreforts de la chapelle des princes , tournés vers le nord , sont ornés des statues de saint Bernard , en habit de chœur , et de sainte Faustine , portant la palme du martyre. Le côté du levant n'offre rien de remarquable à l'extérieur , à l'exception des anciennes statues d'apôtres , qui décorent les deux autres contreforts de la chapelle des princes. Les murs de l'église , du côté du midi , sont adossés aux cloîtres du monastère et aux appartements royaux.

FORME INTÉRIEURE DE L'ÉGLISE ET CHAPELLES.

L'église, en forme de croix latine, a pour vestibule la chapelle du Roi, ou *de Belley*, qui contient les tombeaux du Roi Charles-Félix et de Claude d'Estavayé ; elle a trois nefs. Celle du milieu offre de chaque côté six pilastres supportant six arcs en ogive. L'abside présente une petite déviation à gauche. Une telle irrégularité est évidemment le résultat d'une intention marquée ; c'est une allégorie de la position de N. S. Jésus-Christ sur la croix, dont la tête penchait à gauche. On l'observe dans quelques autres églises gothiques, par exemple dans celle de saint Nicolas, à une lieue de Nancy.

Les autels dédiés aux bienheureux Humbert et Boniface de Savoie sont placés dans la croisée de l'église, du côté des nefs. La chapelle de saint Michel et celle du bienheureux Alphonse de Liguori, sont à droite du maître-autel ; la chapelle des princes, qui est la plus riche et la plus grande, est à gauche. Les ornements de l'église et des chapelles sont de style gothique. Les autels sont en marbres de diverses couleurs et d'un beau dessin.

Une chapelle d'architecture grecque, dédiée à saint Félix, patron de l'auguste restaurateur de l'abbaye, a été élevée en dehors de la nef gauche ; on y parvient par une ouverture pratiquée dans le mur, en face du quatrième pilastre.

Les voûtes du vestibule et des trois nefs de l'église jusqu'à la croisée, sont décorées d'entrelacements en stuc, qui se détachent sur un fond azuré, imitant la couleur du ciel.

Les voûtes de la croisée et de la coupole, celles du maître-autel et des chapelles latérales, sont ornées de peintures.

Dans la couronne de la coupole qui surmonte le centre de la croisée, on remarque les armoiries de la maison de Savoie, entourées des insignes de l'ordre suprême de l'Annonciade.

Cet ordre équestre, fondé en 1362, à Pierre-Châtel, par le Comte-Vert (Amédée VI), est une des plus hautes dignités du royaume ; on l'appelait autrefois l'ordre du Collier. Ses statuts ont été modifiés par Amédée VIII, Charles-le-Bon et Emmanuel-Philibert. Il a pour insignes un collier d'or auquel est suspendue une annonciation en plein relief, du même métal. Les lettres F · E · R · T entremêlées de roses et de lacs d'amour dans le collier, signifient : *Fortitudo ejus Rhodum tenuit*, et font allusion à la célèbre victoire de Rhodes, remportée sur les Turcs par Amédée V, père du Comte-Vert.

Les ornements de l'église reproduisent souvent les insignes des deux autres ordres équestres du royaume. — Ceux de l'*ordre des saints Maurice et Lazare* sont une croix émaillée en forme de trèfle, suspendue par un ruban vert. Il fut fondé en 1434, par Amédée VIII, au château de Ripailles, près de Thonon, sous le nom de Saint-Maurice, et réuni, en 1572, à celui de Saint-Lazare. Charles-Albert a fait de nouveaux règlements pour cet ordre en 1852.

L'*ordre de Savoie* a deux catégories : l'une pour le mérite militaire, fondée par le Roi Victor-Emmanuel, en 1815, et l'autre pour le mérite civil, fondée par le Roi

Charles-Albert, en 1831. Elles ont pour insignes une croix grecque ; on les distingue par la composition de la croix et par la couleur du ruban, qui est bleu de roi pour le mérite militaire, et blanc tiercé de bleu pour le mérite civil.

La hauteur des voûtes de l'église est de 10 mètres 40 centimètres ; la largeur de la croix est de 25 mètres 75 centimètres. Chaque nef latérale a 43 mètres, et la nef centrale, avec l'abside et la chapelle de Belley, a une longueur de 56 mètres 25 centimètres.

DISPOSITION GÉNÉRALE DES MONUMENTS.

Les monuments sont au nombre de vingt-huit : deux dans le vestibule et vingt-six dans l'église.

Douze mausolées ornés de baldaquins, de statuettes, de bas-reliefs et d'inscriptions, sont adossés aux murs latéraux de la porte centrale et aux pilastres de la nef du milieu. Chacun d'eux est surmonté d'une statue en pied, de grandeur naturelle, représentant le prince auquel le monument est élevé ; ils offrent en apparence le même ensemble, mais ils diffèrent par le détail des ornements, qui sont aussi élégants que variés.

Neuf sarcophages, dont cinq à droite et quatre à gauche, sont établis contre le mur des nefs latérales, dans le point correspondant au centre de l'intervalle des pilastres.

La croisée de l'église contient à chaque extrémité un mausolée de très-grande dimension.

Trois autres sarcophages sont placés dans le chœur et les deux chapelles latérales.

Les statuettes, dont nous ne donnerons pas une description particulière, placées dans les niches ou sous les baldaquins qui décorent les mausolées, représentent des génies de la mort avec le flambeau renversé, ou des pleureuses avec les attributs de la douleur.

Tous ces monuments sont exécutés en pierre de Seyssel, dont la blancheur éclatante fait un lugubre contraste avec le pavé en schiste noir.

Les princes auxquels un monument est élevé ont tous été ensevelis à Hautecombe, à l'exception de Thomas I, qui a été inhumé dans l'église de Saint-Michel-de-la-Cluse, et de Thomas II, qui repose dans la cathédrale d'Aoste. On a rappelé leur mémoire à Hautecombe par un cénotaphe, parce qu'ils ont exercé de grandes libéralités envers le monastère.

Nous avons appelé *tombeaux* les mausolées qui renferment les dépouilles mortelles des personnages auxquels ils ont été consacrés. Les monuments des princes ensevelis dans les caveaux de l'église ont été désignés sous le nom de *cénotaphes*. L'entrée de ces caveaux, recouverte de dalles, existe derrière l'autel de la chapelle des princes, et dans la croisée de l'église, au lieu indiqué par un rectangle sur le plan.

ARCHITECTE & ARTISTES.

M. le chevalier Ernest Mélano, architecte de S. M., a donné les dessins et dirigé les travaux, depuis qu'ils ont été commencés jusqu'à leur entier achèvement. Toutes les statues et les bas-reliefs ont été sculptés par le chevalier Benoît Cacciatore, de Milan, à l'exception de la statue et du bas-relief qui décorent les autels dédiés aux bienheureux Humbert et Boniface ; Louis Cacciatore a sculpté les ornements. Les peintures ont été faites par François Gonin et par les frères Vacca ; les vitraux par Hothgassner, de Vienne en Autriche, et les orgues par les frères Agati, de Pistoie. Enfin les ornements en stuc et le buffet d'orgues, sculpté en bois, sont l'œuvre des frères Borione.

Plan de l'Église d'Hautecombe.

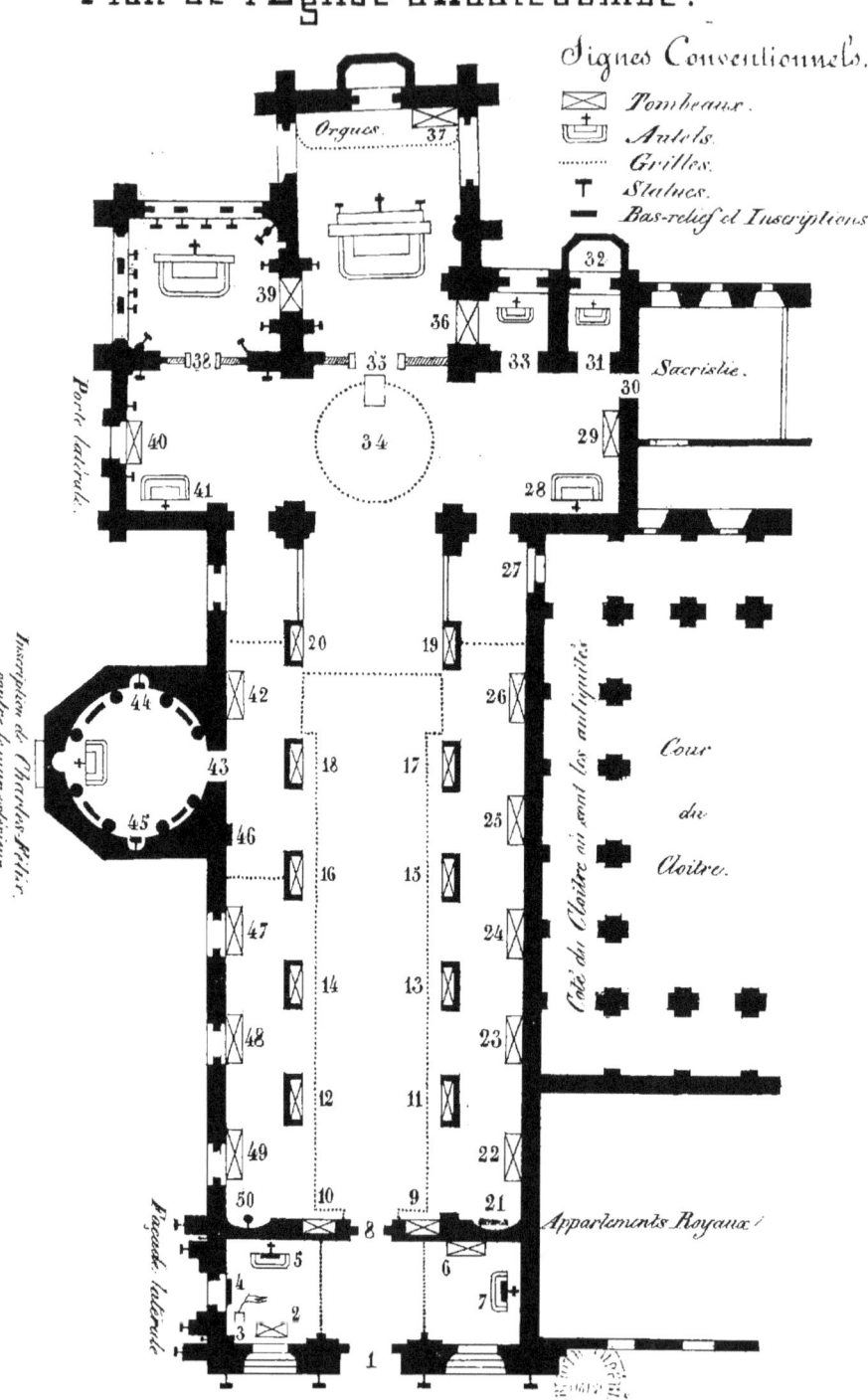

Signes Conventionnels.

⊠ Tombeaux.

⊔ Autels.

···· Grilles.

T Statues.

— Bas-relief et Inscriptions.

SIGNIFICATION DES NUMÉROS TRACÉS SUR LE PLAN.

1. — Entrée de la chapelle de Belley, ou chapelle du Roi.
2. — Tombeau de Charles-Félix, Roi de Sardaigne.
3. — Drapeau des Gardes-du-Corps de la Compagnie savoisienne.
4. — Monument élevé à la mémoire de la duchesse de Chablais.
5. — Autel expiatoire dédié à Notre-Dame-des-Anges.
6. — Tombeau de Claude d'Estavayé, évêque de Belley.
7. — Autel dédié à saint Bernard.
8. — Porte qui conduit de la chapelle de Belley dans l'intérieur de
9. — Cénotaphe d'Amédée V, surnommé le *Grand*. [l'église.
10. — Cénotaphe d'Amédée VI, surnommé le *Comte-Vert*.
11. — Cénotaphe de Louis II, baron de Vaud.
12. — Cénotaphe de Louis, fils de Philippe II.
13. — Cénotaphe de dom Antoine de Savoie, abbé d'Hautecombe.
14. — Cénotaphe d'Edouard-le-Libéral.
15. — Cénotaphe d'Amédée VII, surnommé le *Comte-Rouge*.
16. — Cénotaphe de Thomas I.
17. — Cénotaphe de Philibert I, surnommé le *Chasseur*.
18. — Cénotaphe de Philippe II, surnommé *Sans-Terre*.
19. — Cénotaphe de Jean, fils d'Amédée V.
20. — Cénotaphe de Philippe I.
21. — Inscription au sujet de la restauration d'Hautecombe.
22. — Cénotaphe de Guillaume de Savoie, évêque.
23. — Cénotaphe d'Agnès, fille d'Amédée V.
24. — Tombeau de Béatrix, fille de Thomas I.
25. — Cénotaphe d'Yolande, fille du duc Charles.
26. — Tombeau d'Humbert III, surnommé le *Saint*.
27. — Porte latérale au midi, qui ouvre dans le Cloître.
28. — Autel dédié au bienheureux Humbert III.
29. — Cénotaphe de Pierre de Savoie, surnommé le *Petit-Charle-*
30. — Entrée de la Sacristie. [*magne*.
31. — Chapelle du bienheureux Alphonse de Liguori.
32. — Groupe en marbre de Notre-Dame-des-Sept-Douleurs.
33. — Chapelle de saint Michel.
34. — Centre de la croix de l'église. *Peintures de la coupole et de la*
35. — Chœur et maître-autel. *Peintures de la voûte.* [*voûte.*
36. — Tombeau de Louis I et de Jeanne de Montfort son épouse.
37. — Tombeau du bienheureux Boniface, archev. de Cantorbéry.
38. — Chapelle des Princes. — Peintures. — Statues. — Vitraux.
39. — Tombeau d'Aimon et d'Yolande de Montferrat son épouse.
40. — Cénotaphe d'Amédée IV, au-dessus de la porte latérale au nord
41. — Autel dédié au bienheureux Boniface.
42. — Cénotaphe de Germain de Zœringen.
43. — Chapelle de saint Félix. — Statue du saint. — Bas-reliefs.
44. — Statue de sainte Marguerite de Savoie.
45. — Statue du comte de Romont.
46. — Inscription ancienne de la chapelle du comte de Romont.
47. — Cénotaphe de Thomas II.
48. — Cénotaphe de Sibille de Baugé.
49. — Cénotaphe de Marguerite, fille de Thomas I.
50. — Statue du Roi Charles-Félix.

3

CHAPITRE DEUXIÈME.

Chapelles, Statues, Bas-reliefs, Inscriptions, Peintures, Vitraux,
Tombeaux et Cénotaphes, décrits dans l'ordre des numéros
tracés sur le plan topographique.
Traits principaux de la vie de chaque prince
auquel un monument est élevé.

1

CHAPELLE DE BELLEY
AUJOURD'HUI CHAPELLE DU ROI.

Cette chapelle reçut la première dénomination, parce
qu'elle fut fondée par un évêque de Belley, Claude d'Estavayé, abbé commandataire d'Hautecombe en 1516. Elle
est appelée *Chapelle du Roi*, depuis qu'elle renferme les
dépouilles mortelles de Charles-Félix ; elle est adossée
contre le mur occidental de l'église, dont elle peut être
considérée comme le vestibule. Deux grilles d'un beau

dessin forment, à gauche, l'enceinte du tombeau du Roi et de la chapelle expiatoire ; à droite, l'enceinte de la chapelle de saint Bernard et du tombeau d'Estavayé. L'espace compris entre les grilles conduit à la porte principale de l'église.

La voûte est divisée en trois compartiments, ornés d'entrelacements en stuc, d'écussons aux armes de Savoie, d'insignes des ordres équestres du royaume, de lacs d'amour et de diverses lettres gothiques.

La réunion des lettres du compartiment central reproduit l'inscription qui règne sur le cordon de la façade :

𝕳ic jacet 𝕮arolus 𝕱elix 𝕽ex optimus.

La frise des deux compartiments latéraux reproduit les lettres 𝕳 𝕵 𝕮 𝕱, initiales des quatre premiers mots de l'inscription.

9

TOMBEAU DU ROI CHARLES-FÉLIX.

Charles-Félix, restaurateur de l'abbaye, épousa, le 6 avril 1807, Marie-Christine de Bourbon de Naples, monta sur le trône de Sardaigne le 19 avril 1821, par l'abdication de son frère Victor-Emmanuel, et mourut à Turin le 27 avril 1831. En lui s'éteignit la branche aînée de la maison de Savoie. Ce prince vertueux gouverna ses peuples avec prudence, droiture et fermeté ; il fut généreux, clément et populaire ; il illustra son règne par la sagesse de son administration et par de grands travaux publics. Il affectionnait particulièrement la Savoie, où sa bonté a laissé de profonds souvenirs. Lors du voyage qu'il fit à Chambéry, en 1826, il remit au supérieur d'Hautecombe un pli cacheté, qui ne devait être ouvert qu'au moment où l'on apporterait ses dépouilles mortelles dans l'église de l'abbaye. Ce pli contenait une inscription en langue française, écrite de sa main (sauf la date de sa mort, laissée en blanc) ; elle est placée sur la tablette qui recouvre sa tombe, et rappelle les principales circonstances de sa vie.

Charles-Félix ayant voulu que son tombeau fût de la plus grande simplicité, pour accomplir ses volontés, on a donné à ce monument la forme d'un socle rectangulaire entouré d'une corniche et surmonté d'une tablette. Il est orné de quatre candélabres en bronze doré, portant les écussons de la maison de Savoie.

Inscription sur la tombe.

CHARLES - FÉLIX
JOSEPH - MARIE . DE . SAVOIE
DUC . DE . GENEVOIS
NÉ . LE . SAMEDI - SAINT . 6 . AVRIL . 1765
ROI . DE . SARDAIGNE
CHYPRE . ET . JÉRUSALEM
PAR . CESSION . DE . SON . FRÈRE
LE . ROI . VICTOR - EMMANUEL
CONFIRMÉE
LE . JEUDI - SAINT . 19 . AVRIL . 1821
MORT . LE . 27 . AVRIL . 1831
AMES . DÉVOTES
QUI . VISITEZ . CES . SAINTS . LIEUX
PRIEZ . POUR . LE . REPOS . DE . SON . AME

Cette inscription est répétée en langue latine sur une tablette en marbre noir incrustée dans le mur.

CAROLUS . FELIX . JOSEPH . MARIA . A . SABAUDIA
DUX . GEBENNENSIUM
NATUS . SABBATO . SANCTO . DIE . VI . APRILIS . MDCCLXV
CUM . MARIA . CHRISTINA . BORBONIA . MATRIMONIO . JUNCTUS
VI . APRILIS . MDCCCVII
REX . SARDINIÆ . CYPRI . ET . JERUSALEM
CESSIONE . FRATRIS . SUIS . REGIS . VICTORII . EMMANUELIS
CONFIRMATA . FERIA . QUINTA . MAJORIS . HEBDOMADÆ . XIX . APRILIS . MDCCCXXI
OBIIT . DIE . XXVII . APRILIS . MDCCCXXXI
O . VOS . QUI . PIA . CORDA . GERENTES . HÆC . SANCTA . LOCA . INVISITIS
ORATE . PRO . REQUIE . EJUS . ANIMÆ

3

DRAPEAU DES GARDES-DU-CORPS

DE LA COMPAGNIE SAVOISIENNE.

L'inscription qu'on lit sur le socle en marbre, où il est placé, apprend que la Compagnie Savoisienne des Gardes-du-Corps avait reçu cet étendard du Roi Charles-Félix, et qu'il a été déposé sur son tombeau en 1832.

Inscription.

JOANNES . BAPTISTA . GUILLELMI
F . MICHALIUS . CAGNOLIUS
MARCHIO . CAMERÆ . ET . MONTIS . AIMONIS
DUX . COHORTIS . MILITUM . SABAUDORUM
QUIBUS . OLIM . CONCREDITA . FUERAT . CUSTODIA
CORPORIS . REGUM . SARDINIÆ
VEXILLUM
QUOD . A . CAROLO . FELICE
REGE . BENEFICENTISSIMO . ACCEPERAT
CINERIBUS . EJUS
SACRUM . DEDIT
ANNO . MDCCCXXXII

4

MONUMENT DE LA DUCHESSE DE CHABLAIS.

Ce monument, en marbre noir encastré dans le mur, est entouré d'un encadrement de style gothique surmonté de deux pleureuses. Le Roi Charles-Félix l'a élevé à la mémoire de sa sœur bien-aimée Marie-Anne, duchesse de Chablais, qui avait visité la Savoie avec lui en 1824.

Inscription.

ANNIVERSARIUM . SACRIFICIUM
PACI . SUPERUM . ADPRECANDÆ
MARIÆ . ANNÆ
MAURITI . CHABALLICENSIUM . DUCIS . UXORI
AD . ARAM . HUJUS . TEMPLI . MAXIMAM
INSTITUIT
CAROLUS . FELIX . REX
MEMOR . SORORIS . DULCISSIMÆ
QUA . COMITE
ITINERE . IN . ALLOBROGES . SUSCEPTO
HIC . DEUM . FUERAT . VENERATUS
A . MDCCCXXIV

5

CHAPELLE EXPIATOIRE

DÉDIÉE A NOTRE-DAME-DES-ANGES.

Charles-Félix avait une dévotion particulière pour Notre-Dame-des-Anges. La Reine Marie-Christine lui a dédié la chapelle expiatoire qui est en face du tombeau de son auguste époux. Le bas-relief de cette chapelle est sculpté en marbre de Carrare, par le chevalier Benoit Cacciatori. La Vierge portant l'enfant Jésus est entourée des anges en adoration. Cet objet d'art est d'une belle exécution. L'autel est également en marbre de Carrare, artistement sculpté.

6

TOMBEAU DE CLAUDE D'ESTAVAYÉ,
ÉVÊQUE DE BELLEY.

Ce tombeau, en forme de sarcophage incrusté dans le mur, est antique ; mais les quatre statues et le baldaquin qui le décorent sont modernes. La première à gauche du spectateur représente sainte Erine, protectrice des bateliers du lac ; ils ont coutume de l'invoquer dans les dangers. Elle est largement drapée et porte un crucifix à la main. Les autres statues sont celles de saint Ubald, évêque, saint Deogratias, évêque, et saint Polyeucte, martyr.

Claude d'Estavayé, descendant d'une illustre famille très-attachée à la maison de Savoie, fut évêque de Belley, abbé commandataire d'Hautecombe et secrétaire de l'ordre du Collier ; il intervint au cinquième concile de Latran, sous les pontificats de Jules II et de Léon X. Il mourut vers 1535, et fut inhumé dans cette chapelle, qu'il avait fondée. Ses armoiries occupent le centre du baldaquin.

7

AUTEL DÉDIÉ A SAINT BERNARD.

Saint Bernard , fondateur de l'abbaye de Clairvaux et
de 160 monastères , fut l'ornement et le prodige du onzième siècle. L'éclat de ses vertus, l'énergie de sa volonté
et la puissance de son génie, exercèrent une très-grande
influence sur ses contemporains , et contribuèrent à
adoucir les mœurs barbares de cette époque. Il fut lié
d'amitié avec Amédée III , fondateur de l'abbaye d'Hautecombe. La tradition porte qu'il y a célébré la messe.
L'autel est décoré d'un tableau de Serangioli , peintre
romain ; il représente la sainte Vierge apparaissant à saint
Bernard.

8

PORTE QUI CONDUIT DE LA CHAPELLE DE BELLEY
DANS L'INTÉRIEUR DE L'ÉGLISE.

Cette porte, dont la sculpture est ancienne , est remarquable par ses colonnes torses et ses proportions correctes.
Elle est surmontée de trois statues : Moïse, — la Religion,
— le Bon-Pasteur. On voit au centre l'écu de Savoie , et
au-dessus des colonnes, les armoiries de Claude d'Estavayé.
On arrive dans l'église en descendant quatre marches.
Les vitraux de couleur ne laissent parvenir dans ce beau

vase qu'une clarté mystérieuse. La richesse des sculptures, l'élégance et la légèreté des ornements, de style
gothique, produisent un effet admirable.

En présence des quatre rangs de tombeaux qui frap-
pent les regards, et du glorieux signe de la rédemption,
qui s'élève sur le maître-autel placé au centre, que d'héroïques et précieux souvenirs, de réflexions philosophi-
ques, de pensées religieuses et de mélancoliques émotions
saisissent l'imagination et le cœur !....

On remarque, au-dessus de la porte, un médaillon en
bas-relief représentant la Vierge portant l'enfant Jésus ;
à droite et à gauche, les mausolées gigantesques d'Amédée V et d'Amédée VI.

9

CÉNOTAPHE D'AMÉDÉE V,

SURNOMMÉ LE GRAND.

Amédée V, second fils du comte Thomas II et de Béatrix
Fieschi, naquit le 4 septembre 1249, au château du
Bourget, dont on voit encore les ruines à quelques minutes du village de ce nom. Il ajouta à ses états la Bresse
et le Bugey, du chef de Sybille de Baugé, son épouse.
Ses talents guerriers et son habileté lui acquirent le
vidamé de Genève, le Bas-Faucigny, le château de l'Isle
et le comté d'Asti. Il brilla dans les combats en France,
en Italie et en Orient, soutint trente-deux siéges, et prit
part à vingt-deux batailles rangées.
Les Chevaliers de Saint-Jean-de-Jérusalem étant pour-

suivis par les Sarrasins jusque dans la ville de Rhodes, ils furent délivrés par la valeur d'Amédée V. Pour perpétuer le souvenir de ce haut fait, le grand-maître de l'ordre voulut que leur libérateur portât dans ses armes la croix blanche des Hospitaliers.

Ce prince mourut à Avignon le 15 octobre 1523. Son corps fut apporté à Hautecombe.

Statue : Amédée V en costume de guerre et drapé à l'antique.

Bas-relief : Amédée V, après avoir battu le comte de Genève à Annemasse, près du château de Monthoux, l'oblige à signer la paix sur un tambour.

Inscription.

AMEDEUS . V
BELLI . FULMEN

10

CÉNOTAPHE D'AMÉDÉE VI,
SURNOMMÉ LE COMTE-VERT.

Le Comte-Vert, fils d'Aimon, né au château de Chambéry en 1334, fit la guerre toute sa vie, et rendit son nom immortel par son courage et son esprit chevaleresque. Il gagna contre la France la célèbre bataille des Abrets. Il augmenta ses états du Faucigny, du pays de Gex, de la baronnie de Vaud, ainsi que du Canavesan et des villes libres de Bielle et de Côni, qui se donnèrent à

lui. Sa puissante médiation termina les sanglantes dis-
cordes des républiques de Gênes et de Venise, au sujet
de l'île de Ténédos.

Le pape Grégoire IX et l'empereur d'Allemagne Charles IV, qui étaient en guerre contre les ambitieux Vis-
conti, attirèrent le Comte-Vert dans leur parti. Il se
couvrit de gloire sur les champs de bataille, et marcha de
succès en succès. En récompense de sa bravoure, l'empereur lui conféra le titre de vicaire-général de l'Empire
romain, transmissible à ses descendants à perpétuité, et
le pape diminua en sa faveur l'autorité temporelle des
évêques dans ses états.

Il remporta une brillante victoire sur les Bulgares, qui
retenaient prisonnier à Gallipoli l'empereur Jean Paléo-
logue, et le replaça sur le trône de Constantinople.

Le tournoi que le Comte-Vert donna à Chambéry, sur
la place du Verney, fut célébré par les poètes du temps.
Ce prince a fait bâtir la chartreuse de Pierre-Châtel, et
fondé, en 1362, l'*Ordre du Collier*, appelé depuis Amédée VIII, *Ordre suprême de l'Annonciade*, l'un des plus
anciens qu'on connaisse. Il protégea les lettres, et obtint
en 1365, de l'empereur Charles IV, l'établissement d'une
Académie à Genève.

On lui doit encore l'institution philantropique de l'*Avo-
cat-des-Pauvres*, qui subsiste encore aujourd'hui; ce
magistrat est chargé de consulter gratuitement pour les
pauvres; lorsqu'il reconnaît que leur cause est juste, il
patrocine pour eux devant les tribunaux, et le trésor fait
l'avance des frais judiciaires. Il est aussi le défenseur-né
des accusés.

Le Comte-Vert mourut à Naples en 1385, et son corps
fut apporté à Hautecombe. Vingt-quatre prélats, des

députés de tous les états d'Italie, tous les seigneurs de Savoie et des pays voisins vinrent assister à ses obsèques. *Statue* : Amédée VI dans l'attitude du commandement. *Bas-relief* : Prise de Gallipoli sur les Bulgares. Une victoire couronne le prince.

Inscription.

AMEDEUS . VI . EXPUGNATA . GALLIPOLI
DEVICTIS . BULGARIS
JOHANNEM . PALEOLOGUM
IMP . AVITÆ . SEDI . RESTITUIT

ǀǀ

CÉNOTAPHE DE LOUIS II,

BARON DE VAUD.

Louis II, fils de Louis I, fut le dernier baron de Vaud. Il se signala par ses vertus guerrières aux batailles de Crécy, de Mont-Cassel, au siége de Calais, et fut chargé de négocier la paix entre les rois de France et d'Angleterre. Louis prit chaudement les intérêts de Henri VII, empereur d'Allemagne, contre Robert de Naples. Les troupes auxiliaires qu'il envoya dans le Milanais à son gendre Azzon, décidèrent le gain de la bataille, au lieu même où fut fondée à Milan la célèbre église de Saint-Ambroise, en reconnaissance de cette victoire.

Ce prince mourut en 1350, à Rome, où il était gouverneur, avec le titre de sénateur romain. Son corps fut transporté à Hautecombe.

Statue : Louis II armé de pied en cap, prêt à fondre sur l'ennemi.

Bas-relief : Bataille de Crécy. — Le duc commande l'arrière-garde de l'armée française pour Philippe de Valois, et culbute les troupes du prince de Galles, qui prennent la fuite.

Inscription.

LUDOVICUS . II . LUDOVICI . I . F.
DYNASTA . COMITATUS . VAUDENSIS
AMPLISSIMIS . LEGATIONIBUS
PRO . HENRICO . VII . ROM . REGE . EXIMIE . PERFUNCTUS
SENATORIS . ROMANI . TITULO . DECORARI MERUIT
IDEM . FORTITER . IN . GALLORUM . EXERCITU
AD . CASSELDUNUM
ET . AD . CRESCIACUM . DIMICAVIT
OBIIT . ANNO . MCCCL

12

CÉNOTAPHE DE LOUIS,

FILS DE PHILIPPE II.

Louis, fils de Philippe II, duc de Savoie, et de Claudine de Bresse de Bretagne, sa seconde femme, naquit en 1488. Il fut destiné à l'église, et nommé prévôt du chapitre et de l'hospice de Montjoux, aujourd'hui hospice du Grand-St-Bernard. Il mourut en 1502, âgé de quatorze ans, et fut enterré à Hautecombe.

Statue : L'âme de ce jeune prince est représentée sous la forme d'un ange ayant un pied sur le globe et s'élevant au ciel.

Bas-relief : Entrée de Louis II au séjour céleste ; il est accueilli par le Christ et les anges.

Inscription.

LUDOVICUS . PHILIPPI . II . F
PRÆPOSITUS . ECCL . MONTIS . JOVIS
IN . ALPIBUS . PENNINIS
QUI . AB . HUMANIS . AD . COELESTIA . VOCATUS
IMMATURE . OBIIT . ANNO . MDII
ÆTATIS . SUÆ . XIV

15

CÉNOTAPHE DE DOM ANTOINE.

Dom Antoine, fils naturel du duc Charles-Emmanuel I, renommé par sa science et sa piété, fut abbé de St-Michel, d'Aulph et d'Hautecombe , doyen de Savoie , chef de l'ordre de Saint - Benoît dépendant immédiatement du Saint-Siége , gouverneur et lieutenant-général du duc de Savoie dans le comté de Nice. Il mourut à Hautecombe en 1657 , et y fut enterré.

Statue : Ce saint abbé est en habit de chœur, avec la croix pectorale , qui est l'insigne de sa dignité.

Bas-relief : Sa sépulture. Les moines portent son cercueil , sur lequel il est couché , revêtu de ses habits pontificaux ; les pauvres et les orphelins le suivent en pleurs.

Inscription.

DOM . ANTONIUS . CAROLI . EMAN . I . F
ABBAS . HUJUS . ECCLESIÆ
PRÆFECTUS . NICÆÆ
INOPUM . ET . EGENTIUM . ALTOR
VIDUARUM . PUPILLORUM . VINDEX . SOLATOR
MORTEM . OBIIT . VITÆ . CONSENTANEAM
ANNO . MDCLVII

14

CÉNOTAPHE D'ÉDOUARD-LE-LIBÉRAL.

Edouard, fils d'Amédée V, fut formé de bonne heure à l'art militaire, par son père, et donna dès l'âge de vingt ans des preuves de la plus brillante valeur. Il eut souvent à combattre les barons de Faucigny et les comtes de Genève, qu'il battit sous le fort d'Allinges, et ensuite en bataille rangée sous le Mont-du-Mortier. Il fut défait à son tour sous le château de Varrai, et l'élite des Savoisiens périt en combattant, ou resta au pouvoir de l'ennemi.

Edouard acquitta en majeure partie la rançon des prisonniers, et reçut le nom de *Libéral*, à cause de la grande générosité dont il fit preuve.

Il se distingua particulièrement à la bataille de Mons-en-Puelle, où il avait pris parti pour Philippe-le-Bel, roi de France, contre les Flamands.

Non moins habile administrateur que bon militaire, il avait auprès de lui un conseil pour régler les affaires de l'état et rendre justice en dernier ressort; mais obligé de s'absenter fréquemment pour aller à la guerre, il rendit ce conseil permanent à Chambéry, sous le nom de *Conseil résidant*. Il était composé, suivant Capré, « de plusieurs « personnages de mérite et de trois sortes d'états : d'ar- « chevêques et prélats, barons, et insignes docteurs-ès- « droits, et avait réellement l'exercice de la souveraineté « en l'absence du prince. »

Ce corps fut réorganisé en 1559, sous Emmanuel-Philibert, qui lui donna le nom de Sénat, et lui accorda plusieurs priviléges. Les sénateurs de Savoie jouissent, entre autres, des honneurs et prérogatives attachés à l'ancienne noblesse, et la transmettent à leurs descendants.

Edouard mourut au château de Chantilly, près de Paris, en 1329, à l'âge de 55 ans. Son corps fut transporté à Hautecombe.

Statue : Edouard tient à la main le bâton du commandement ; une draperie à l'antique recouvre son costume de guerre.

Bas-relief : Bataille de Mons-en-Puelle, où ce prince délivre Philippe-le-Bel, qui était enveloppé par les Flamands, et les met en pièces. Une Victoire s'avance avec une couronne pour la placer sur sa tête.

Inscription.

EDVARDUS . AMEDEI . V . F
COGNOMINE . LIBERALIS
BELLICÆ . VIRTUTIS . QUAM . A . PATRE . ACCEPERAT
EGREGIA . DEDIT . SPECIMINA
TUNC . PRÆSERTIM . CUM . ÆTATIS . SUÆ . ANNO . XX
PHILIPPO . IV . GALLORUM . REGI
COMES . ADFUIT . IN . PRÆLIO
QUO . BELGÆ . AD . MONTEM . IN . PASCUIS
ANNO . MCCCIV
FUSI . FUGATI . IN . DEDITIONEM . RECEPTI . SUNT
NATUS . A . MCCLXXXIV . OBIIT . A . MCCCXXIX

15

CÉNOTAPHE D'AMÉDÉE VII,

SURNOMMÉ LE COMTE-ROUGE.

Amédée VII, fils d'Amédée VI, naquit en 1560, au château d'Aveillane ; la couleur de ses cheveux le fit surnommer le Comte - Rouge. Il épousa Bonne de Berry, petite-fille du roi de France. Admirable par les grâces de sa personne dans les joûtes et les tournois, il fit ses premières armes contre Edouard sire de Beaujeu, et acquit de bonne heure une brillante réputation sur les champs de bataille. Il se distingua dans les guerres de Flandre, et particulièrement à la bataille de Rosebeck, aux siéges d'Ypres et de Bourbourg. La garnison anglaise qui tenait cette dernière ville, ne consentit à se rendre qu'à la condition d'être placée sous la sauvegarde de ce jeune prince.

Sa justice et sa prudence le firent souvent choisir pour médiateur par les princes d'Europe.

La vallée de Barcelonnette et les provinces de Nice et de Ventimille demandèrent à être aggrégées à ses possessions, pour jouir des bienfaits de son gouvernement paternel ; c'est ainsi qu'il étendit jusqu'à la mer le domaine de ses ancêtres. Il fut le protecteur des lettres et le fondateur de l'Université de Turin. Il mourut à Ripaille en 1591, à la fleur de son âge.

Statue : Amédée VII en costume guerrier ; il se repose sur son épée après la victoire.

Bas-relief : Siége de Bourbourg. Le prince est sur le champ de bataille où il combattit pour Charles VI, roi de France, avec sept cents Savoisiens, contre les Gantois et les Anglais, et força la ville de Bourbourg à se rendre.

Inscription.

```
AMEDEUS . VII . AMEDEI . VI . F
QUI . ET . COMES . RUBEUS
DUX . SUIS . TEMPORIBUS . CLARUS
FORTITUDINEM . CUM . SAGACITATE . CONJUNXIT
OBSIDIONE . BURBURGI . PRÆLIOQ . YPRENSI
MAGNAM . LAUDEM . ADEPTUS
EDUARDO . BRITANNLE . DUCE
IN . GRATIAM . CAROLI . V . GALL . REGIS . REDUCTO
PACATISQUE . PROVINCIIS . OMNIBUS
MATURUS . GLORIA . IMMATURUS . ANNIS
OBIIT . APUD . RIPALIAM . A . MCCCXCI
ÆTATIS . SUÆ . XXXI
```

16

CÉNOTAPHE DE THOMAS I.

Thomas, fils d'Humbert III, naquit au château de la Charbonnière près d'Aiguebelle, en 1177 ; il prit parti dans les guerres d'Italie pour les Gibelins. L'empereur d'Allemagne, Philippe II, récompensa ses hauts faits d'armes en lui donnant les villes de Chieri, de Testone et de Moudon, et en le nommant vicaire-général de l'Empire en Lombardie. Il s'acquit une gloire immortelle en Orient au siége de Zara.

De retour dans ses états, Thomas I les fit prospérer par une administration éclairée ; il acquit de Berlion .

vicomte de Chambéry, le château et tous les droits qu'il avait sur le territoire environnant, agrandit la ville de Chambéry, en fit la capitale de ses états deçà les monts, et lui accorda des franchises en 1232. Il en accorda également aux villes d'Yenne, d'Aoste, de Suze et de Pignerol, et termina sa glorieuse carrière en 1233.

Ce prince n'a pas été enseveli à Hautecombe, mais il en a été le bienfaiteur. Béatrix de Genève, sa femme, Amédée IV, Pierre, Philippe I, Guillaume et Boniface, ses fils, Béatrix et Marguerite, ses filles, reposent dans cette église.

Statue : Thomas I en costume de guerre est recouvert d'un manteau à l'antique, pour indiquer sa double qualité de guerrier et de législateur. Il tient à la main le bâton du commandement.

Bas-relief : Le comte Thomas donnant la charte des franchises à la ville de Chambéry. Il la fait jurer par ses fils et sa femme, conformément à l'usage de ce temps.

Inscription.

CENOTAPHIUM
THOMÆ . I . HUMBERTI . III . F
VIRI . ARMIS . INGENIO . ATQUE . ANIMO . MAXIMI
QUI . LOCUPLETATIS . CIVIBUS . ET . ÆRARIO
CAMBERIACUM . URBEM
LEGIBUS . ORNAVIT . IMMUNITATIBUS . JUVIT
NATUS . A . MCLXXVII . DECESSIT . A . MCCXXXIII

17

CÉNOTAPHE DE PHILIBERT I,

SURNOMMÉ LE CHASSEUR.

Philibert, fils du bienheureux Amédée IX, vit le jour dans la ville de Chambéry en 1464. Il perdit son père à l'âge de huit ans. Sa mère Yolande, sœur de Louis XI, roi de France, fut chargée de la régence. Ce prince, né avec des dispositions heureuses, était passionné pour la chasse, et mourut à l'âge de dix-sept ans. Il fut inhumé à Hautecombe.

Statue : Philibert I armé d'une pique.

Bas-relief : Philibert visite avec sa mère, à Lausanne, le duc Charles de Bourgogne, surnommé le Téméraire, que ses revers avaient jeté dans une sombre mélancolie.

Inscription.

PHILIBERTUS . I . BEATI . AMEDEI . IX . F
COGNOMENTO . VENATOR
INGENIO . FUIT . DOCILIS . BLANDO
APTO . SI . DIUTIUS . VIXISSET . AD . ARTES . OPTIMAS
CAROLO . DUCI . BURGUNDIÆ
A . MATRE . YOLANDA . IN . TUTELAM . TRADITUS
EUM . ÆGROTANTEM
OMNI . STUDIO . ET . CONSOLATIONE . SUBLEVAVIT
NATUS . ANNO . MCCCCLXIV
A . VIVIS . EREPTUS EST ANNO MCCCCLXXXII

18

CÉNOTAPHE DE PHILIPPE II ,
SURNOMMÉ SANS-TERRE.

Philippe II, second fils du duc Louis I, est né à Chambéry en 1438. N'ayant point eu d'apanage pendant sa jeunesse, il fut surnommé *Sans-Terre*. Ce prince actif, courageux, plein d'ambition et d'audace, passa son enfance à la cour de Charles VII, roi de France. Sa jeunesse fut très-aventureuse. Louis XI lui confia le gouvernement du Limousin et de la Guyenne. Charles VIII le choisit pour son conseiller intime dans son expédition de Naples.

Les talents diplomatiques de Philippe II obtinrent du pape Alexandre VI le trône des Deux-Siciles pour ce prince, qui le nomma gouverneur du Dauphiné à son retour en France.

Il avait cinquante-sept ans lorsqu'il monta sur le trône; il mourut dix-huit mois après, au prieuré de Lémenc, près de Chambéry, et fut transporté à Hautecombe.

Statue : Philippe II est plongé dans une profonde méditation.

Bas-relief : Ambassade de Philippe II à Rome, auprès du souverain pontife Alexandre VI. Il en obtient pour Charles VIII le trône des Deux-Siciles.

Inscription.

PHILIPPUS . II . LUDOVICI . F
VIR . ANIMI . CANDORE
MORUM . INTEGRITATE . SPECTATISSIMUS
QUI . MISSUS . ROMAM . ORATOR
APUD . ALEXANDRUM . VI . PONT . MAX
TANTA . USUS . EST . DEXTERITATE . ET . FACUNDIA
UT . EUM . AD . CORONAM . REGNI . UTRIUSQUE . SICILIÆ
CAROLO . VIII . DANDAM . PERDUXERIT
NATUS . A . MCCCCXXXVIII . OBIIT . A . MCCCCXCVII

19

CÉNOTAPHE DE JEAN ,

FILS D'AMÉDÉE V.

Jean , troisième fils d'Amédée V *le Grand* et de Sibille de Baugé , sa femme , mourut en bas âge , en 1284 , et fut inhumé à Hautecombe.

Statue : Elle représente un enfant jouant avec une fleur.

Inscription.

JOANNES . AMEDEI . V . F . VIXIT . A . IV

20

CÉNOTAPHE DE PHILIPPE I.

Philippe , huitième fils du comte Thomas , naquit à Aiguebelle en 1207. Il fut destiné à l'état ecclésiastique , mais voyant que Pierre son frère, comte de Savoie, n'avait point d'enfant mâle, il quitta ses bénéfices et épousa Alix de Bourgogne. Il fut couronné à l'âge de 61 ans. Sa valeur força Rodolphe, comte de Habsbourg, à lever le siége de Neuchâtel ; les villes de Nyon et de Morat se soumirent volontairement à sa domination. Ce prince vertueux mourut en 1285, et fut enseveli à Hautecombe.

L'histoire nous le peint « beau de sa personne, ami de « la justice, de l'ordre et de la paix, chef des armées « pontificales, sage autant que vaillant. »

Statue : Philippe I, revêtu de son armure, tient à la main le bâton du commandement.

Inscription.

PHILIPPUS . I . THOMÆ . F . VIXIT . A . LXXVIII

On entre par la porte de la grille dans la nef droite, et l'on trouve au fond, contre le mur :

21

INSCRIPTION

AU SUJET DE LA RESTAURATION D'HAUTECOMBE.

Un baldaquin gothique encadre une niche, au centre de laquelle on lit l'inscription suivante, qui explique les différents travaux exécutés par le Roi Charles-Félix, et après lui par la Reine Marie-Christine.

REX CAROLUS FELIX

Anno ab adepto principatu quarto, postquam aggerem isaræ coercendo incohavit, ædem beatæ Mariæ Altæcumbæ qua principum Sabaudiæ extincta corpora olim inferebantur, plurifariam vetustate conlapsam et corruptam, a solo novam impensa sua fecit; majorum monumentis iterum exornavit ; anniversaria sacrificia admissis eorum expiandis instituit; cœnobium et prædia pecunia sua redempta ordini Cisterciensi rursus tradidit; lacum adjecto pharo tutiorem navigantibus reddidit ; divi Bernardi et divi Andreæ ædiculas refecit dedicavitque; ast cum opus ferveret, immaturo exitu diem quintam ante kal. mai anni MDCCCXXXI perpetuo lugubrem fecit.

REGINA MARIA CHRISTINA BORBONIA

UXOR EJUS

contra votum superstes , postquam beneficentissimi principis ossa relata sunt et condita in ædicula divi Bernardi , statuam secundi Altæcumbæ conditoris in templo posuit; templum, sepulchra, cœnobium, pharum, ære suo perfecit; aras sanctæ Mariæ Angelorum divorumque Humberti III et Bonifacii adjecit ; novam ædi portam ad occidentem aperuit fronte lapideo ; statuis, columnis, omnique cultu exornavit,

CURAM AGENTE PHILIBERTO AVOGADRO COMITE COLOBIANI
VIRO EXC. SUMMO MAGISTRO DOMUS REGINÆ.

Ernesto Melano equite ord. Maur. Laz. totius operis architecto.

22

CÉNOTAPHE DE GUILLAUME ,

ÉVÊQUE.

Guillaume, cinquième fils du comte Thomas I , fut légat du Saint-Siége en France , et ensuite promu aux évêchés de Valence et de Liége. A son retour d'un voyage à Rome , les ennemis de l'église s'emparèrent de sa personne à Assise, l'emprisonnèrent et le firent mourir par le poison l'an 1239. Il fut enseveli à Hautecombe.

Statue : Le pieux évêque, revêtu de ses habits pontificaux, est étendu sur le cercueil ; sa tête repose sur un oreiller. On ne peut se défendre d'un sentiment de tendre compassion en contemplant ses traits pleins de noblesse et d'énergie, contractés par les douleurs violentes auxquelles il a succombé. Son tombeau est surmonté d'un ange dont les ailes supportent une galerie gothique.

Inscription.

GUIGLIELMUS . THOMÆ . I . F
EPISCOPUS . VALENTINUS
PER . FRAUDEM . NEFARIORUM . HOMINUM
VENENUM . HAUSIT
PERCELERIQUE . INTERITU
SUBLATUS . EST . A . MCCXXXIX

25

CÉNOTAPHE D'AGNÈS,
FILLE D'AMÉDÉE V.

Cette princesse, fille d'Amédée V et de Sibille de Baugé, épousa, en 1297, Guillaume III, comte de Genève. Le mariage fut célébré au château de St-Georges-d'Espérance, en Dauphiné. Elle mourut en 1322, et fut inhumée à Hautecombe.

Statue : Cette princesse est couchée ; ses mains sont croisées sur sa poitrine et tiennent un crucifix, sa tête

est appuyée sur un coussin. La souplesse que l'artiste a
su donner à cette pose est admirable.

Inscription.

AGNES . AMEDEI . V . F
GUILLELMI . COMITIS . GENEVENSIS . UXOR
OBIIT . A . MCCCXXII

24

TOMBEAU DE BÉATRIX,

FILLE DE THOMAS I.

Béatrix fut la plus belle princesse de son époque, et
épousa, en 1220, Raymond Bérenger, comte de Provence.
Elle offre un exemple unique dans l'histoire ; car elle eut
quatre filles et trois petites-filles, qui furent toutes reines
ou impératrices. La première de ses filles fut mariée à
saint Louis, roi de France ; la seconde à Henri III, roi
d'Angleterre ; la troisième à Richard d'Angleterre, empereur d'Allemagne ; et la quatrième à Charles d'Anjou,
roi de Sicile. Quant à ses trois petites-filles, Béatrix de
Sicile fut impératrice de Constantinople, Marguerite
d'Angleterre fut reine d'Ecosse, et Isabelle de France fut
reine de Navare.

Béatrix mourut en 1266, et fut inhumée au château
des Echelles. Le magnifique mausolée qui lui avait été
élevé et sur lequel on remarquait vingt-deux statues en
marbre blanc, représentant les filles, les petites-filles et
les gendres de cette princesse, fut détruit à l'époque de

la guerre d'Henri IV contre Charles-Emmanuel II. Ses
dépouilles mortelles furent alors transportées dans l'église
des Echelles. Son modeste tombeau fut encore détruit
pendant la révolution de 1792 ; mais sa tête fut sauvée
de la profanation par M. le chanoine Desgeorges, et en
1826, elle fut transférée à Hautecombe.

Statue : Elle est couchée comme la précédente. L'artiste
a reproduit la princesse Béatrix avec une grande ressemblance, d'après les portraits qui en ont été conservés.

Inscription.

BEATRIX . THOMÆ . I . F
INSIGNIS . VIRTUTE . ET . FORMA
OBIIT . ANNO . MCCLXVI
CUM . EJUS . OSSA . SEPULCHRO . EVERSO
DIREPTA . FUISSENT . A . MDCCXCVI
CAPUT . QUOD . UNUM . SUPERERAT
CAROLUS . FELIX . SARDINIÆ . REX
PENES . MAJORUM . CINERES . P . C

25

CÉNOTAPHE DE YOLANDE-LOUISE,

FILLE DU DUC CHARLES.

Yolande-Louise, fille de Charles I, duc de Savoie, surnommé *le Guerrier*, et de Blanche de Montferrat, naquit
à Turin en 1487, et fut mariée à Philibert, comte de
Bresse, qui devint duc de Savoie. Cette princesse mourut
à l'âge de 13 ans. Guichenon rapporte qu'elle fut inhumée
à Hautecombe, quoiqu'elle ne figure pas dans la chronique de cette abbaye.

Statue : Elle est à demi couchée sur le cénotaphe ; son corps a la souplesse d'une personne qui vient de s'endormir, et sa pose respire encore la vie. Un ange en prière est auprès d'elle.

Inscription.

VOLANT . ALOISIA . A . SABAUDIA
UXOR . PHILIBERTI . SECUNDI . SAB . DUCIS
QUÆ . OBIIT . IMMATURO . EXITU . APUD . RIPALIAM
ANNO . MCCCCXCIX

26 •

TOMBEAU DE HUMBERT III,

SURNOMMÉ LE SAINT.

Humbert, fils d'Amédée III et de Mathilde de Vienne, naquit à Aveillane en 1156. Amédée III, en partant pour la seconde croisade, confia son éducation à saint Amédée d'Hauterive, abbé du monastère d'Hautecombe, et ensuite évêque de Lausanne. Humbert en apprit de bonne heure à connaître la vanité des choses humaines, et à considérer notre fragile existence comme un temps que Dieu accorde à l'homme pour mériter la vie et la félicité éternelles. Ces principes dominèrent toutes ses actions. Malgré son goût prononcé pour l'austérité et la solitude du cloître, il savait en sortir pour affronter les dangers de la guerre. Aussi brave que pieux, il défendit vaillamment ses états contre le dauphin Guy IV, et le battit devant la forteresse de Montmélian. Il entra dans la ligue entreprise contre

Frédéric Barberousse, se distingua au siége de Milan, et fut toujours l'allié et le défenseur ardent des droits du Saint-Siége.

Ce prince passa dans les abbayes d'Aulps et d'Hautecombe tout le temps qu'il put dérober au monde, et puisa dans ces saintes retraites les lumières et les vertus nécessaires pour bien diriger ses états à cette époque de factions, de schismes et de guerres.

Quoiqu'il se fût marié plusieurs fois, il ne laissa qu'un seul fils, le célèbre Thomas I. Un grand nombre de maisons religieuses et d'hospices eurent part à ses générosités; on cite surtout les monastères d'Aulps et d'Hautecombe, l'hospice qu'il établit à Oulx dans les Alpes, et la Chartreuse d'Aillon en Bauges, dont il fut le fondateur.

Humbert III mourut en 1188, avec la réputation d'un saint, et fut inhumé à Hautecombe, où il avait pris l'habit religieux peu de jours avant sa mort.

L'autel dédié dans cette église au bienheureux Humbert III, est décrit dans le paragraphe 28.

Statue : Le sarcophage et la statue couchée qui le surmonte ont été sculptés d'après l'antique, sur le dessin conservé par Guichenon : Humbert, revêtu d'un froc, porte des sabots à ses pieds en signe d'humilité.

Le froc et l'habit de pélerin furent surtout dans les mœurs du temps des croisades : les rois, les guerriers, les plus grands personnages les revêtaient pendant leur vie, pour accomplir des vœux ou visiter des lieux saints, et souvent à leur heure dernière ils demandaient que leur corps fût enseveli avec les marques extérieures de la pénitence et de la dévotion.

Inscription.

HUBERTUS . III
OLIM . COGNOMINE . SANCTUS
BEATI . TITULO
ET . PUBLICI . CULTUS . HONORIBUS
A . GREGORIO . XVI . DECORATUS
UXORES
FEDIVA . A . TOLOSA
ANNA . VULGO . GERMANA . A . ZOERINGEN
BEATRIX . A . VIENNA

On lit en outre sur le sarcophage l'inscription suivante, qui indique que sa seconde femme repose avec lui dans ce tombeau :

HUMBERTUS . III . COGNOMINE . SANCTUS
GERMANA . UXOR . BERTHOLDI . IV . F . ZÆRINGEN

27

PORTE LATÉRALE
OUVRANT DANS LE CLOÎTRE DU MONASTÈRE.

En sortant de la grille qui clôt l'extrémité de la nef, on voit la porte latérale du midi qui ouvre dans le cloître ; le mot *clôture* inscrit sur cette porte, avertit que l'entrée en est interdite aux femmes sous les peines ecclésiastiques.

Successivement on entre dans la croisée de l'église, et l'on trouve à droite :

28

AUTEL DÉDIÉ AU BIENHEUREUX HUMBERT.

Par décision pontificale de sa sainteté Grégoire XVI, le
bienheureux Humbert III a été élevé aux honneurs du
culte public. L'autel qui lui est dédié se trouve à peu de
distance de son tombeau. Tout le monde a lu l'intéressante brochure publiée en 1859, par un auteur anonyme
d'un talent remarquable, qui a retracé les principaux
traits de la *Vie des bienheureux Humbert et Boniface de
Savoie.*

La belle statue d'Humbert, en marbre de Carrare,
placée sur l'autel, a été exécutée par Albertoni, sculpteur
piémontais. Le prince, drapé à l'antique, élève les yeux
au ciel ; il porte la croix de la main gauche et retient son
manteau avec la droite. Son casque est posé à terre.

29

CÉNOTAPHE DE PIERRE,
SURNOMMÉ LE PETIT-CHARLEMAGNE.

Pierre, troisième fils du comte Thomas, est né au
château de Suze en Piémont, en 1205. Sa valeur, sa générosité, sa promptitude d'esprit et son habileté dans les

affaires lui méritèrent le surnom de *Petit-Charlemagne*. Il
agrandit ses états d'un grand nombre de fiefs en Helvétie;
le comte de Genève l'institua son héritier. Il fut nommé
protecteur des villes de Sion et de Lausanne. L'empereur
Richard lui donna l'investiture des duchés de Chablais et
d'Aoste, avec le titre de vicaire - général de l'empire
romain.

Il reçut le comté de Richemont, la seigneurie d'Essex
et plusieurs autres terres de Henri III, roi d'Angleterre,
qui le nomma chef de son conseil. Dans un de ses retours
en Savoie, les Valaisans l'appelèrent à leur secours contre
la tyrannie de Magepan, leur seigneur. Il remporta la
victoire (1250), et l'abbé de St-Maurice (Rodolphe) lui fit
présent du célèbre anneau de saint Maurice, qui a servi
dès lors de signe d'investiture aux souverains de la maison de Savoie.

Pierre avait soixante ans lorsqu'il monta sur le trône ;
il mourut au château de Chillon en 1268, et fut inhumé
à Hautecombe.

Ce mausolée est le plus riche de l'église ; il est décoré
de dix pleureuses et d'une multitude d'ornements. Deux
anges en adoration sont placés sur d'élégants modillons
aux deux angles du plan supérieur.

Statue : Le prince appuie la main gauche sur la poignée
de son épée, et tient de la droite le bâton du commandement.

Bas-relief : Ambassade de Pierre de Savoie, envoyé par
Henri III, roi d'Angleterre, auprès de saint Louis, roi de
France, et conclusion de la paix entre ces deux puissances.

Inscription.

PETRUS . THOMÆ . F
AB . HENRICO . BRITANNIÆ . REGE
AD . LUDOVICUM . IX
INTERPRES . PACIS . IN . GALLIAM . PROFECTUS
BELLUM . ALTERNIS . GLADIBUS . DIU . PRODUCTUM
AUCTORITATE . NOMINIS . COMPONIT

50

SACRISTIE.

La munificence du Roi Charles-Félix et de son auguste veuve a doté la sacristie d'ornements pontificaux et de vases sacrés d'une grande richesse. On remarque deux chasubles, qui ont été brodées, l'une par S. M. Marie-Christine, Reine douairière de Sardaigne, et l'autre par S. M. Marie-Amélie, sa sœur, Reine des Français ; un calice et un ostensoir en vermeil ciselés à Paris.

La tête de sainte Erine, martyre, patronne des bateliers du lac, est religieusement conservée dans une très-belle châsse ciselée en 1826. On l'expose solennellement dans l'église le lundi de la Pentecôte ; cette précieuse relique fut donnée au monastère d'Hautecombe par Anselme, évêque de Patras, vers le milieu du treizième siècle ; elle fut sauvée de la profanation par une personne pieuse, lorsque la République française s'empara des biens de l'abbaye.

On lisait autrefois sur la châsse de sainte Erine l'inscription suivante :

CAPUT INTEGRUM SANCTÆ ERIGNÆ.

Anselmus Patracensis episcopus dedit ; sacrilegus argenteo tegmine
denudavit ; Geneva prædonem suspendit, furtum restituit
Altæ-Combæ ; religiosus conventus restauravit.

51

CHAPELLE DU BIENHEUREUX ALPHONSE DE LIGUORI.

Alphonse de Liguori, fondateur de l'ordre des Rédemp-
toristes, issu d'une illustre famille de Naples, entra dans
le sacerdoce pour dévouer son existence au salut des âmes.
Clément XIII le nomma en 1762 au siége épiscopal de
sainte Agathe des Goths. Il se démit de son évêché en
1775, pour reprendre la direction de l'ordre qu'il avait
fondé, et mourut à Nocera le 1er août 1787, à l'âge de
quatre-vingt-dix ans, après avoir donné l'exemple des plus
hautes vertus. On doit à sa plume féconde un très-grand
nombre d'ouvrages qui font l'admiration des savants. Il a
été béatifié sous le pontificat de Pie VII.

La Reine Marie-Christine avait connu à Naples, dans
son enfance, le bienheureux Alphonse de Liguori, et elle
lui a dédié cette chapelle.

Le saint évêque est peint en grisaille au centre de la
voûte.

32

NOTRE-DAME-DES-SEPT-DOULEURS.

GROUPE EN MARBRE.

Derrière l'autel dédié au bienheureux Alphonse de Liguori, est placé un groupe en marbre de Carrare, par Cacciatori, représentant Notre-Dame-des-Sept-Douleurs. L'expression de la Vierge respire la tendresse et la plus profonde affliction; elle tient sur ses genoux son divin fils privé de vie, dont la tête repose sur son épaule gauche.

Ce groupe est d'une très-grande beauté.

33

CHAPELLE DE SAINT MICHEL.

Cette chapelle est auprès du tombeau de Louis I, baron de Vaud, et de Jeanne de Montfort, sa femme. Ce tombeau (décrit dans le paragraphe 56) a deux faces, l'une dans le chœur et l'autre dans la chapelle expiatoire dédiée à saint Michel-Archange.

Le saint est peint sur la voûte, terrassant les démons.

34

CENTRE DE LA CROISÉE DE L'ÉGLISE.

PEINTURES DE LA COUPOLE ET DE LA VOUTE.

La coupole qui s'élève au milieu de la croisée de l'église
est supportée par douze colonnes torses. Les peintures
représentent des anges en adoration devant l'Esprit-Saint,
sculpté au centre. On remarque à la naissance de la coupole une couronne formée par des écussons aux armes de
Savoie. Les quatre évangélistes, saint Jean, saint Mathieu,
saint Marc et saint Luc occupent les pendentifs.

A gauche de la coupole, les encadrements de la voûte
présentent deux tableaux : au-dessus de la chapelle des
princes, l'adoration des Mages ; en face, Jésus dans le
temple au milieu des docteurs. A droite de la coupole et
au-dessus du mausolée de Pierre de Savoie, l'ensevelisse-
ment de Jésus - Christ. Ces peintures ont été exécutées
par les frères Vacca. Les deux autres tableaux sont peints
par François Gonin ; ils ont pour sujets, le crucifiement,
et la résurrection du Lazare.

35

CHOEUR ET MAITRE-AUTEL.

PEINTURES DE LA VOUTE.

L'entrée du chœur est fermée par deux balustrades gothiques en marbre blanc ; on voit à droite le tombeau du baron de Vaud, à gauche celui du comte Aimon ; au centre le maître-autel ; au fond le buffet des orgues, du même style, et la balustrade de l'orchestre, au-dessous de laquelle est placé le tombeau du bienheureux Boniface. La porte qui est à côté de ce tombeau, conduit dans un petit oratoire ménagé au-dessous des orgues, dans lequel les religieux vont dire l'office. Le chœur est éclairé par deux fenêtres latérales ornées de verres coloriés, dont les dessins représentent les insignes de l'ordre de Savoie et de celui des saints Maurice et Lazare.

Le maître-autel est surmonté de deux statues dorées : saint Pierre et saint Paul. Des peintures sur bois, de l'école de Giotto, qui vivait au quinzième siècle, décorent la porte du tabernacle et l'encadrement des socles sur lesquels reposent les candélabres. Les deux tableaux du côté gauche ont pour sujets, la Vierge présentant l'enfant Jésus au vieux Siméon, et la décollation de saint Jean-Baptiste ; celui du tabernacle, un crucifiement ; et les deux tableaux du côté droit, une descente de croix ; Joseph d'Arimathie et Nicodème préparant le linceul pour le corps de Jésus-Christ.

Le socle qui supporte la table de l'autel est occupé au centre par l'Agneau sans tache, à droite par la statue de sainte Rose de Lima, et à gauche par celle de saint Second.

Les principaux traits de la vie de saint Bernard ont été peints dans la voûte par François Gonin.

1er Médaillon : Saint Bernard entre au monastère de Citeaux ; — 2me, du côté de l'évangile : saint Bernard reçoit un message du pape Eugène III, pour prêcher la seconde croisade (ce fut celle à laquelle Amédée III prit part avec Louis VII, roi de France) ; — 3me, du côté de l'épître : il fonde l'abbaye de Clairvaux ; — 4me : concile d'Etampes, où saint Bernard fait reconnaître Innocent II pour le vrai pape, contre Anaclet, qui prétendait à la tiare ; — 5mo : saint Bernard reproche à Guillaume, duc d'Aquitaine, ses honteux désordres ; il l'intimide en lui montrant, avec le ton de l'autorité et de la menace, le Dieu vengeur prêt à le punir de ses fautes, et parvient à le convertir ; — 6me : il est visité pendant sa maladie par des évêques et les abbés de son ordre ; — 7me : la Vierge lui apparaît à son lit de mort ; — 8me : son apothéose.

36

TOMBEAU DE LOUIS I, BARON DE VAUD,
ET DE JEANNE DE MONTFORT SA FEMME.

Louis I, troisième fils de Thomas II, né en 1250, reçut en apanage la baronnie de Vaud, la seigneurie du Bugey et celle du Valromey. Il suivit saint Louis en Afrique et assista au siége de Tunis. Après la mort de saint Louis, il s'attacha à Charles II, roi de Naples, et se distingua dans les nombreuses batailles qu'il eut à soutenir. Il finit ses jours à Naples en 1302. Son corps fut transporté à Hautecombe.

Jeanne de Montfort, fille de Philippe de Montfort, comte de Castres, qu'il avait épousée en secondes noces, repose dans le même tombeau.

Statues : Louis I et Jeanne de Montfort sont étendus sur le tombeau, le prince appuie ses pieds sur un lion, et la princesse sur un chien ; un ange à genoux est près de l'oreiller sur lequel ils reposent leur tête.

Dans la voûte qui s'élève au-dessus du tombeau sont peints, sur un fond d'azur, des anges et les attributs des quatre évangélistes : le lion de saint Marc, le bœuf de saint Luc, l'aigle de saint Jean et l'ange de saint Mathieu.

La figure de l'ange est pleine d'expression.

Inscription.

LUDOVICUS . I . A . SABAUDIA . COMES . VAUD . AFRICANO
ET . NEAPOLITANO . BELLO . CLARUS
ET . JOANNA . A . MONTEFORTI . UXOR . EJUS

Ce tombeau a été rétabli d'après l'antique, sur les dessins laissés par Guichenon.

57

TOMBEAU DU BIENHEUREUX BONIFACE.

Boniface, septième fils du comte Thomas I, entra dans sa jeunesse à la Grande-Chartreuse. Aussi profond théologien que savant jurisconsulte, il fut promu à l'évêché de Belley, ensuite nommé administrateur de l'évêché de Valence, et enfin élevé à la dignité d'archevêque de Cantorbéry et de primat d'Angleterre. La sainteté de sa vie et la sagesse de son administration lui obtinrent l'admiration générale ; il sut défendre avec une égale énergie les droits de l'église contre Henri III, roi d'Angleterre, et le trône de ce prince contre les coupables entreprises de ses ennemis. Ses vertus avaient inspiré une telle confiance à Henri III, qu'il lui remit la régence du royaume d'Angleterre, lorsqu'il dut aller en France en 1259, pour signer la paix qu'il avait conclue avec saint Louis.

Boniface était d'une beauté remarquable, mais elle ne fut point un obstacle à la pureté de ses mœurs. Il a exercé avec gloire l'épiscopat pendant 25 ans, et a doté un grand nombre d'hôpitaux, d'églises et de monastères, en Angleterre, en France, en Savoie et en Piémont. Etant venu visiter son frère en Savoie, il tomba malade à Sainte-Hélène, dans la vallée de l'Isère, mourut en odeur de sainteté le 14 juillet 1270, et fut inhumé à Hautecombe.

Statue : Le saint archevêque, revêtu de ses habits pontificaux, est étendu sur la tablette qui surmonte son

8

sarcophage. A ses pieds est un serpent, symbole de prudence. Le sarcophage est accosté de six génies.

Inscription.

HIC . JACET . BONIFACIUS . DE . SABAUDIA
CANTUARIENSIS . ARCHIEPISCOPUS
OPERIBUS . BONIS . ET . VIRTUTIBUS . PLENUS
OBIIT . AUTEM . APUD . SANCTAM . HELENAM
ANNO . DOMINI . MCCLXX . XIV . DIE . JULII

Ce tombeau, qui était autrefois en bronze (œuvre de *maître Henri de Colonia*), a été rétabli à la même place et sur le même dessin, en pierre de Seyssel.

38

CHAPELLE DES PRINCES.

L'usage d'enterrer dans les églises ne s'est introduit que vers la fin du treizième siècle. Avant cette époque, les grands personnages étaient inhumés dans les cloîtres des monastères.

Aimon, comte de Savoie, fit recueillir les ossements de ses aïeux inhumés dans le cloître d'Hautecombe, et les fit placer dans un caveau sur lequel il éleva cette chapelle expiatoire. Elle fut terminée en 1342, et fut appelée *Chapelle des Princes*. C'est la plus spacieuse de l'église ; elle est placée à côté du chœur, dont elle est séparée par le tombeau de son fondateur et de Yolande de Montferrat, sa femme.

L'enceinte de la chapelle des princes est fermée vers la

croisée de l'église par une balustrade gothique en pierre de Seyssel, surmontée de deux anges en prière. Deux statues de grandeur naturelle, saint Ernest et saint Etienne, placées sur des consoles, décorent les murs de l'entrée.

Les vitraux coloriés qui éclairent la chapelle, du côté du nord (soit en face du tombeau d'Aimon), contiennent de beaux dessins : la Providence, — un Crucifiement, — une Descente de Croix, — le Voile de sainte Véronique.

Les vitraux, du côté du levant (soit derrière l'autel), présentent : Dieu le père, — l'Adoration des Mages, — l'Adoration des Bergers, — le Saint-Esprit.

Les quatre médaillons de la voûte représentent la Foi, tenant un calice ; la Pureté entre deux anges, dont l'un porte un poisson et l'autre une fleur de lis ; la Charité ayant à ses bras un orphelin, et la Chasteté couronnée de roses, se serrant les reins avec une ceinture.

Dans la portion du mur intérieur qui est au-dessus de la balustrade, est peinte l'Annonciation, et au-dessus du tombeau d'Aimon, un médaillon en grisaille représentant Notre-Dame-des-Sept-Douleurs.

Ces peintures sont l'œuvre des frères Vacca.

Il en est de même de celles qui sont encastrées dans des niches gothiques ; elles représentent, au nord, les prophètes Isaïe, Elie, David, Moïse, Jacob, Abraham, et derrière l'autel, en suivant le même ordre, deux pères de l'église grecque, saint Grégoire-de-Naziance, saint Grégoire-le-Grand ; — deux pères de l'église latine : saint Bazile, saint Augustin; enfin, saint Paul et saint Pierre.

Les statues des douze apôtres, de grandeur naturelle, posées sur des modillons et surmontées de baldaquins, sont d'un bel effet. On reconnaît chaque apôtre à ses attributs ; il nous suffira de les nommer : saint Pierre , saint Paul , saint Jacques - le - Majeur , saint Mathias , saint André , saint Jean , saint Thomas , saint Barthélemi , saint Thadée , saint Simon , saint Philippe et saint Jacques-le-Mineur.

Derrière l'autel , placé au centre , on remarque une Annonciation peinte sur bois , qui paraît être du milieu du quinzième siècle , et dont le coloris est parfaitement conservé.

La chapelle des princes offre un ensemble extrêmement riche en peintures et sculptures , en vitraux hauts en couleurs , et en ornements de tous genres.

39

TOMBEAU DU COMTE AIMON

ET DE YOLANDE DE MONTFERRAT SA FEMME.

Aimon , second fils d'Amédée V , né en 1291 , fut destiné dès son bas âge à l'état ecclésiastique ; il était à Avignon auprès du pape Jean XXII , lorsque les députés des états-généraux de Savoie le pressèrent de se rendre aux vœux du peuple , et de venir prendre possession des états héréditaires qui lui étaient dévolus par la mort d'Edouard , son frère aîné : n'étant pas lié par les ordres sacrés , il accepta la couronne. Les guerres qu'il soutint contre les dauphins de Vienne mirent au jour ses talents militaires. Il prit parti pour Philippe de Valois , roi de France , dans

la guerre allumée entre cette puissance et l'Angleterre,
et combattit dans les campagnes de Flandre. Il administra
ses états avec autant d'économie que d'habileté. Il protégea les pauvres, aima la justice, et établit des assises
publiques pour recevoir les plaintes de ses sujets et y
faire droit. Ces assises se convertissaient en états-généraux quand il fallait publier des lois.

Aimon a fait achever la chapelle du château de Chambéry; il a fondé ou doté un grand nombre d'hôpitaux et
d'églises. Le pape Benoît XII eut une estime particulière
pour ce prince et lui accorda plusieurs privilèges; on
cite surtout celui qui attribuait aux comtes de Savoie le
droit d'occuper le premier rang après les rois, aux cou-
ronnements des souverains Pontifes.

En 1330, Aimon épousa Yolande de Montferrat, de la
famille impériale des Paléologues. Ce prince éclairé, juste
et pieux, mourut à Montmélian le 24 juin 1343.

Yolande l'avait précédé d'une année dans le tombeau.
Ils furent inhumés à Hautecombe.

Leur mausolée est placé entre la chapelle des princes
et le chœur; il est surmonté d'un baldaquin colossal
accosté de quatre pyramides, dont deux sont en face du
chœur et deux en face de la chapelle des princes. Sur
les premières sont placées, au centre, deux statues de
demi-grandeur, saint Maurice et saint Romuald, et sur
la pointe, saint Marcel et sainte Lucie.

Les statues correspondantes qui décorent les pyramides
du côté de la chapelle des princes représentent, au centre, saint Second et sainte Marzie, et sur la pointe, saint
Denys l'Aréopagite, évêque d'Athènes, et sainte Monique.

Statues : Aimon et Yolande sont couchés sur le tombeau; le prince appuie ses pieds sur un lion, symbole

de force, et Yolande les appuie sur un chien, symbole de
fidélité.

En tête, le Sauveur entre deux anges en prières est
sculpté contre le mur. Du côté opposé est écrite l'inscription suivante :

AIMON . COGNOMENTO . PACIFICUS
ET . HIOLANDA . UXOR . THEODORI . F . PALEOLOGA

Ce tombeau a été rétabli, sur les dessins conservés par
Guichenon, à la même place qu'il occupait autrefois.

40

CÉNOTAPHE D'AMÉDÉE IV.

Amédée IV, fils de Thomas I, naquit à Montmélian en
1197. Il succéda à son père, qui mourut au moment où
il se disposait à marcher avec son armée contre les Turi-
nais révoltés. Ce bon prince, qui possédait l'art de sub-
juguer les cœurs, se conduisit avec tant d'habileté, que
la ville de Turin eut recours à sa clémence. Ses deux
principaux ennemis, le marquis de Saluce et le marquis
de Montferrat, devinrent ses gendres. Il s'établit ainsi
une union franche de part et d'autre, au lieu d'une
guerre qui s'annonçait très-acharnée. Ses armes furent
victorieuses contre les Valaisans, qui avaient attenté aux
droits de la maison de Savoie. Il acquit, soit par ses con-

quêtes , soit par son crédit , de grands domaines dans le pays de Vaud et le Bas-Valais , et réunit sous ses lois presque toute l'Helvétie romane. Il fit bâtir des châteaux-forts à Morat , à Yverdun et dans d'autres villes suisses soumises à sa domination. Ayant embrassé , en Italie , le parti de Frédéric II contre les Lombards , une seule bataille suffit pour faire triompher la cause impériale : les hommes d'armes de Savoie eurent une grande part à la victoire. En reconnaissance des services d'Amédée IV , l'empereur Frédéric érigea en sa faveur le Val-d'Aoste et le Chablais en duchés , et le nomma vicaire impérial de l'Italie supérieure. Doué d'un esprit fin et pénétrant , ses prudentes négociations parvinrent à réconcilier le pape Innocent IV avec l'empereur. Malheureusement la paix ne fut pas de longue durée ; mais Amédée IV s'abstint de s'engager dans les nouveaux différends que l'empereur eut avec le Saint-Siége , autrement que pour jouer le rôle de médiateur.

C'est sous le règne de ce prince , en 1248 , qu'une partie du Mont-Grenier s'écroula dans la commune des Marches , à deux lieues de Chambéry , et fit près de trois mille victimes. La petite ville et le chapitre de Saint-André furent couverts des débris de la montagne , qui , s'étendant sur une surface de plusieurs lieues carrées , forment aujourd'hui les *Abymes de Myans* , où la piété des fidèles a élevé un sanctuaire à la sainte Vierge.

Ce prince mourut en 1253 , dans le lieu de sa naissance , et fut enterré à Hautecombe.

Statue : Amédée en costume militaire est couché sur un lion ; à ses pieds est un cimier. Deux statues de grandeur naturelle représentent , à gauche , le génie de la mort avec un flambeau renversé , et à droite une pleu-

reuse qui semble accablée par la douleur. Ce mausolée
est de style grec.

41

AUTEL DÉDIÉ AU BIENHEUREUX BONIFACE.

Ce saint archevêque a été béatifié en 1838. Le souverain pontife Grégoire XVI, en parlant du grand nombre
de bienheureux que compte l'auguste maison de Savoie,
s'écriait : « Mais cette famille est une famille de saints. »
En effet, Humbert III et Boniface, dont la tombe est dans
cette église, Amédée IX, Marguerite, fille d'Amé, prince
d'Achaïc, et Louise de Savoie, ont été élevés par le Saint-
Siége à l'honneur des autels. Pierre et Jean, fils d'Amédée III, l'un et l'autre religieux dans le monastère de
Saint-Antoine-de-Ranverso, Marguerite, leur sœur, religieuse fondatrice du monastère de Bons, dans le Bugey,
etc., sont aussi morts en odeur de sainteté.

Le bas-relief en marbre de Carrare, œuvre de Le La-
boureur, artiste français à Rome, représente l'archevêque
de Cantorbéry défendant les droits de l'église devant
Henri III, roi d'Angleterre.

On entre dans la nef gauche par la porte de la grille.

42

CÉNOTAPHE DE GERMAINE DE ZÆRINGEN.

Anne de Zæringen, de la nation germaine, fille du duc Berthold IV, fut la seconde femme d'Humbert III, le saint; elle mourut en 1172, et fut inhumée à Hautecombe. Sa famille se disait issue d'Etichon, duc d'Alsace. En 1090, Berthold de Rhinfeld, duc de Souabe, laissa en mourant de grands biens à son beau-frère Berthold IV, père de Germaine. Ce fut le commencement de la puissance qu'acquit cette famille en Allemagne et en Suisse, où elle possédait le Brisgau et une partie du pays de Vaud. Son nom lui vint du château de Zæringen, dont on voit encore les ruines sur un des sommets de la Forêt-Noire, près de la rivière Treiza. La maison de Savoie hérita des possessions des ducs de Zæringen dans le pays de Vaud, à leur extinction.

Le mausolée de cette princesse a la forme d'un sarcophage, sur lequel elle est étendue : sa tête repose sur un coussin. Le sarcophage est surmonté d'un baldaquin sur lequel on voit deux anges en pleurs. Un médaillon en bas-relief placé au centre du cénotaphe, présente un portrait fort ressemblant de Germaine de Zæringen, reproduit d'après un ancien tableau.

Inscription.

ANNA . COGNOMENTO . GERMANA . A . ZOERINGEN
DIVI . HUMBERTI . UXOR

43

CHAPELLE DE SAINT FÉLIX.

Dans l'emplacement où existait autrefois la chapelle
fondée par Humbert, comte de Romont, s'élève aujour-
d'hui la chapelle dédiée à saint Félix, patron du restaurateur d'Hautecombe. La première pierre en a été posée
en 1825. La grande pensée du Roi Charles-Félix devait
être consacrée par un monument religieux, et pour en
marquer l'époque, il convenait d'adopter l'architecture
grecque usitée de nos jours ; car cette chapelle est en
dehors du plan de l'église. On lui a donné la forme d'une
rotonde, recevant le jour par le milieu de la voûte, qui
est supportée par huit colonnes d'ordre ionique, en pierre
de Seyssel. La sévérité de ses proportions et sa noble simplicité contrastent avec la profusion des ornements de
l'église, de style gothique ; elle est décorée de quatre
bas-reliefs et de trois statues d'une belle exécution.

1er *Bas-relief, à gauche de l'autel.* — Sainte Félicité et
ses sept fils, qui vivaient en l'an 150, sous le règne de
l'empereur Antonin, sont amenés devant Publius, préfet
de Rome, et refusent de sacrifier aux faux dieux.

2me, *à droite de l'autel.* — Les fils entendus séparément
de leur mère, par Publius, siégeant à son tribunal, per-
sistent dans leur refus, et déclarent être prêts à mourir
pour la foi.

5me, *à droite de la porte.* — Martyre de saint Félix ; il
meurt sous les coups de verges.

4me, *à gauche de la porte.* — Apothéose de sainte Félicité et de ses sept fils.

L'autel est en marbre ; il est surmonté de la statue de saint Félix. L'attitude du saint est majestueuse ; il lève la tête vers le ciel et tient la palme du martyre.

Les deux autres statues sont décrites dans les paragraphes suivants :

44

STATUE DE SAINTE MARGUERITE DE SAVOIE.

Marguerite, fille d'Amé de Savoie, de la branche des princes d'Achaïe, fut mariée en 1403 à Théodore, marquis de Montferrat. Après quinze ans de l'union la plus sainte, elle resta veuve sans enfants. A la voix de saint Vincent-Ferrier, elle entra dans un monastère à Albe ; ses vertus brillèrent surtout à l'hôpital de Sainte-Marie-des-Anges, où elle se dévoua au soulagement des malades.

Elle mourut en odeur de sainteté en 1464, et fut canonisée sous le pontificat de Clément X.

Sainte Marguerite est représentée en costume monastique, et tient ses mains croisées sur la poitrine.

45

STATUE DU COMTE DE ROMONT.

Humbert, comte de Romont, fils naturel d'Amédée VII, alla combattre en Orient dans le camp des Croisés ; il se trouva à la célèbre bataille de Nicopolis, en 1397, où il fut enveloppé par les Turcs, qui le retinrent sept ans prisonnier. A son retour, Amédée VIII lui donna plusieurs seigneuries, lui confia des ambassades importantes, et l'honora de l'ordre du collier. Le comte de Romont a fondé, en 1421, une chapelle à Hautecombe, où il a été enseveli en 1443.

Sa statue le représente en costume de guerre. Les croissants semés sur ses armes, et le mot ALAHAC (qui veut dire *Dieu est juste*), répété sur le collet et les bords de sa tunique, rappellent ses exploits et sa captivité.

46

INSCRIPTION ANCIENNE
DE LA CHAPELLE DU COMTE DE ROMONT.

L'inscription suivante, en caractères gothiques, incrustée dans le mur, a été trouvée sous les décombres de l'église; elle était placée autrefois dans la chapelle fondée par le comte de Romont.

Hæc est capella spectabilis, magnifici et strenui militis domini Humberti fratris bastardi illustris et excelsi principis domini nostri domini Amedei primi ducis Sabaudiæ, domini Montaguaci, de Corberia, de Grandicuria et de Cudrefino ac Condomini Staviaci et de Moleria, qui captus fuit per Turcos in prælio habito cum Turcis per serenissimum regem Sigismundum tunc regem Hungariæ, et nunc Romanorum regem, apud Nicopolim anno Domini MCCC nonagesimo septimo qui quidem magnificus, spectabilis et strenuus miles stetit prisonnerius et captivus apud Turcos spatio septem annorum, fundavit dotavit atque construxit hanc capellam ad laudem et honorem beatæ Mariæ, sanctique Jacobi ac beati Mauritii et sociorum anno Domini MCCCCXXI. obiit autem anno domini MCCCC qua..... (*Le reste de cette inscription est effacé; mais il devait y avoir :* quadragesimo tertio).

47

CÉNOTAPHE DE THOMAS II.

Thomas II, second fils de Thomas I, naquit au château
de Montmélian l'an 1199, et fut le commencement de la
branche des princes d'Achaïe ; il épousa Jeanne fille de
Baudoin, empereur d'Orient, héritière des comtés de
Flandre et de Hainaut. Cette alliance l'obligea d'aller de-
meurer en Flandre. Les historiens de ce pays le citent
comme un prince « vertueux, doux, sage et débonnaire,
« et quand la nécessité le voulait, vaillant et très-hardi. »
Henri III, roi d'Angleterre, son neveu, accorda à sa considération la liberté du commerce en Angleterre aux
marchands de Flandre et de Hainaut. Il alla rejoindre son
oncle avec ses troupes, lorsque celui-ci voulut intenter
la guerre au roi d'Ecosse ; mais les deux rois parvinrent à
s'entendre et firent la paix.

Le pape innocent IV se rendant au concile de Lyon, fut
escorté pendant la route par le comte Thomas et ses hommes d'armes. Le souverain Pontife cimenta son alliance
avec ce prince en lui donnant en mariage sa nièce Béatrix, qu'il épousa en 1251, sept ans après la mort de sa
première femme. Il jouit aussi de l'estime particulière
de l'empereur d'Allemagne, qui le nomma vicaire de
l'empire en Italie. Il acquit l'autorité souveraine sur
Turin, Collegno, Montcalier, Cavours et plusieurs autres
villes ou places fortes.

Ce prince vaillant, mais souvent malheureux à la

guerre, mourut en 1259. Il laissa par son testament un legs à l'église d'Hautecombe.

Statue : Il est revêtu de son armure et à demi couché sur un lion.

Inscription.

THOMAS . II . THOMÆ . I . F
FLANDRIÆ . COMES
AB . INNOCENTIO . IV . PONT . MAX
CUM . QUO . FOEDUS . INIERAT
MAGNUS . VEXILLIFER . ET . ADMINISTRATOR
PATRIMONII . S . R . E . APPELLATUS . EST
NATUS . A . MCXCIX . OB . A . MCCLIX

48

CÉNOTAPHE DE SYBILE DE BAUGÉ.

Cette princesse, fille unique et héritière de Guy, seigneur de Bresse, fut la première épouse d'Amédée-le-Grand, qui ajouta, par ce mariage, la Bresse à ses possessions. Elle donna le jour à sept enfants, et mourut en 1294. Elle fit un legs à l'église d'Hautecombe, où elle a été ensevelie.

Statue : Elle est étendue sur le sarcophage; un chien, symbole de fidélité, approche sa tête de ses mains.

Inscription.

SIBILLA . GUIDONIS . COMITIS . BAUGIACI . F
AMEDEI . V . UXOR
OBIIT . A . MCCXCIV

49

CÉNOTAPHE DE MARGUERITE

FILLE DE THOMAS I.

Marguerite épousa, en 1118, Herman, comte de Kibourg, seigneur de Fribourg et landgrave d'Alsace ; elle mourut sans enfants en 1275, et fut inhumée à Hautecombe.

Statue : La princesse étendue sur la tablette du mausolée, est dans l'attitude d'une personne qui vient de s'endormir.

Inscription.

MARGARITA . THOMÆ . 1 . F
HERMANNI . COMITIS . KIBURGII . UXOR
OB . A . MCCLXXIII

50

STATUE DE CHARLES - FÉLIX

RESTAURATEUR DE L'ABBAYE.

Cette statue, en marbre de Carrare, est d'un très-beau style. Le Roi est revêtu de la tunique de grand-maître de l'ordre équestre et religieux des saints Maurice et Lazare. Il tient le sceptre d'une main et de l'autre le titre des libéralités qu'il a faites à l'abbaye d'Hautecombe pour la relever de ses ruines. La pose est pleine de majesté, la tunique est parfaitement drapée, et tous les détails sont traités avec beaucoup d'habileté et de naturel. L'artiste a su rendre avec une ressemblance frappante la noble tête de cet auguste et vénérable monarque.

NOTE HISTORIQUE ET CHRONOLOGIQUE

Indépendamment des princes dont les mausolées sont décrits dans les paragraphes précèdents , plusieurs autres personnages de la maison royale de Savoie ont été ensevelis à Hautecombe :

1° Béatrix de Genève, première femme de Thomas I. La *Chronique latine d'Hautecombe* (registre où l'on inscrivait les noms des princes inhumés dans l'abbaye) dit qu'elle y fut ensevelie l'an 1230, le troisième jour des ides d'avril ; elle est appelée *Mater Comitum ,* parce que trois de ses fils, Amédée IV, Pierre et Philippe, montèrent sur le trône des comtes de Savoie.

2° Cécile de Baux , seconde femme d'Amédée IV, comte de Savoie, et mère de Boniface , son successeur , inhumée le 12 des kalendes de juin, l'an 1275. *(Chronica abbatiae Altaecumbae.)*

3° Alice ou Louise , fille de Thomas I , abbesse du monastère de saint Pierre de Lyon , ensevelie l'an 1277, le 12 des kalendes d'août. *(Chron.)*

4° Thomas, inhumé la veille des kalendes de mai, l'an 1282. *(Chr.)* Guichenon a avancé que Thomas I a été enseveli dans la cathédrale d'Aoste, Thomas II dans l'abbaye d'Hautecombe, et Thomas III dans l'église de Saint-Michel-de-la-Cluse. Plusieurs écrivains se sont laissé égarer par cette assertion ; mais des dissertations savantes ont prouvé que Thomas I repose à Saint-Michel-de-la-Cluse , et que le monument élevé dans la cathédrale d'Aoste est celui de Thomas II. Comment ce prince pourrait-il être le même que celui dont parle la chro_nique d'Hautecombe , puisqu'il est décédé l'an 1259 , tandis que le prince Thomas , inhumé à Hautecombe , est mort en 1282 , c'est-à-dire vingt-trois ans plus tard ? Il me paraît évident que ce dernier prince doit être Thomas III. D'abord il est constant qu'il finit ses jours à Saint-Genix-d'Aoste , ville de Savoie peu distante de l'abbaye royale , ce qui rend probable son inhumation dans ce lieu de sépulture. Ensuite , les historiens s'accordent à fixer l'époque de son décès au mois de mai 1282 ; or, c'est précisément à cette même date qu'un prince Thomas de Savoie a été enseveli à Hautecombe.

Comme l'histoire n'indique aucun autre prince de ce nom dans la maison de Savoie, qui soit mort à la même date, il n'est pas possible de faire équivoque, et l'identité de Thomas III avec le prince cité dans la chronique, me semble indubitable.

Si cette opinion était partagée, je préférerais que le monument élevé à Thomas II fût consacré à la mémoire de Thomas III. Il suffirait pour cela de changer l'inscription. Les motifs sur lesquels je me fonde exigeraient un développement qui excède les bornes d'une simple note.

5° Béatrix Fieschi, nièce du pape Innocent IV, seconde femme de Thomas II, décédée en 1283, aux ides de juillet. (*Chron.*)

6° Béatrix, fille d'Amédée IV, décédée en 1292, le 8 des kalendes de mars. (*Chron.*)

La chronique d'Hautecombe ne dit pas si elle descendait d'Amédée IV ou d'Amédée V; mais c'est seulement en 1304 qu'Amédée V a épousé Marie de Brabant, qui a donné le jour à sa fille Béatrix. Ainsi, celle dont la chronique rapporte le décès à l'an 1292, doit être la fille d'Amédée IV et de Cécile de Baux. Cette princesse épousa Pierre de Châlons, de la branche cadette de Bourgogne.

7° Marie de Bourgogne, première femme d'Amédée VIII, comte de Savoie, décédée à Thonon en 1422. (Cibrario, *Chronologie des Princes de Savoie.*)

8° Bonne de Savoie, fille d'Amédée VIII, décédée à Ripaille en 1430. Elle avait été fiancée au comte de Bretagne, mais elle mourut avant la célébration du mariage. (Cibrario.)

Tels sont les personnages historiques inhumés à Hautecombe, qui n'ont pas de monuments dans l'église. Leur souvenir pourrait être rappelé par une inscription placée derrière l'autel de la chapelle des princes. Je me suis abstenu de citer les noms de quelques enfants en très-bas âge, ensevelis dans l'abbaye, tels que l'enfant d'Yolande de Montferrat, femme d'Aimon, morte en couches, enterré avec sa mère; Antoine, fils d'Amédée VIII et de Marie de Bourgogne, décédé à l'âge d'un an, etc.

La maison de Savoie compte trente-neuf souverains qui ont occupé le trône de Savoie et ensuite du Piémont, depuis la fin du dixième siècle jusqu'au 27 avril 1831 (dix-neuf comtes, quatorze ducs et six rois, outre S. M. Charles-Albert, glorieusement régnant); l'église d'Hautecombe renferme les dépouilles mortelles de douze d'entre eux (neuf comtes, deux ducs et un roi).

Le tableau suivant présente, par ordre chronologique, le nom et la date du décès de chaque prince enseveli à Hautecombe. Les personnages dont le nom est précédé d'un astérisque n'ont pas de mausolée

10

dans l'église. Le chiffre qui suit les autres noms, renvoie aux paragraphes de ce chapitre où leur monument est décrit.

1172. — Germaine de Zæringen, femme d'Humbert III. (§ 42.)
1188. — Humbert III, le saint, — Comte de Savoie. — (§ 26.)
1230. — * Béatrix de Genève, femme de Thomas I.
1239. — Guillaume, fils de Thomas I, évêque de Valence. (§ 22.)
1253. — Amédée IV, — Comte de Savoie. — (§ 40.)
1266. — Béatrix, fille de Thomas I, femme de Bérenger. (§ 24.)
1268. — Pierre, — Comte de Savoie. — (§ 29.)
1270. — Boniface, archev. (le bienheureux), fils de Thomas I. (§ 37.)
1273. — Marguerite, femme du comte de Kibourg. (§ 49.)
1275. — * Cécile de Baux, seconde femme d'Amédée IV.
1277. — * Alice ou Louise, fille de Thomas I.
1282. — * Thomas III, fils de Thomas II.
1283. — * Béatrix Fieschi, seconde femme de Thomas II.
1284. — Jean, fils d'Amédée V. (§ 19.)
1285. — Philippe I, — Comte de Savoie. — (§ 20.)
1292. — * Béatrix, fille d'Amédée IV.
1293. — Jeanne de Montfort, femme de Louis I. (§ 36.)
1294. — Sibille de Baugé, première femme d'Amédée V. (§ 48.)
1302. — Louis I, baron de Vaud. (§ 36.)
1322. — Agnès, fille d'Amédée V. (§ 23.)
1323. — Amédée V, — Comte de Savoie. — (§ 9.)
1329. — Edouard-le-Libéral, — Comte de Savoie. — (§ 14.)
1342. — Yolande de Montferrat, femme du comte Aimon. (§ 39.)
1343. — Aimon, — Comte de Savoie. — (§ 39.)
1350. — Louis II, fils de Louis I, baron de Vaud. (§ 11.)
1383. — Amédée VI, — Comte de Savoie. — (§ 10.)
1391. — Amédée VII, — Comte de Savoie. — (§ 15.)
1422. — * Marie de Bourgogne, femme du 1er duc Amédée VIII.
1430. — * Bonne de Savoie, fille d'Amédée VIII.
1443. — Humbert, comte de Romont. (§ 45.)
1482. — Philibert I, — Duc de Savoie. — (§ 17.)
1497. — Philippe II, — Duc de Savoie. — (§ 18.)
1499. — Yolande-Louise, fille du duc Charles. (§ 25.)
1502. — Louis, fils du duc Philippe II. (§ 12.)
1657. — Dom Antoine de Savoie. (§ 13.)
1831. — Charles-Félix, — Roi de Sardaigne. (§ 2.)

HAUTECOMBE

CHAPITRE TROISIÈME.

Monastère. — Appartements royaux. — Chapelle de saint André.
— Tour du phare. — Fontaine intermittente.

MONASTÈRE & APPARTEMENTS ROYAUX.

Les bâtiments de l'abbaye sont construits sur une terrasse très-haute, dominant le lac et l'avenue ombragée
qui conduit vers la porte du monastère ; ils présentent,
au midi, une belle façade à deux étages, flanquée à droite
et à gauche de pavillons formant avant-corps. Celui du
levant est dû à la munificence de S. M. Marie-Christine,
qui en a posé la première pierre en 1853 ; il est lié à la
chapelle de saint André et à la tour du phare, dont l'effet
est très-pittoresque. Ces constructions sont parallèles à
l'église, à laquelle elles se rattachent par deux ailes qui
encadrent une cour carrée entourée d'un cloître. La cha-

pelle de saint André, au levant, l'abside de l'église et
l'aile en face, forment, avec le corps de bâtiment atte-
nant au pavillon de la Reine, une cour fermée de trois
côtés et ouverte au nord.

Les statues, les bas-reliefs, les inscriptions et les débris
d'ornements trouvés dans les fouilles, ont été conservés
avec soin et incrustés dans le mur du cloître tourné au
midi. Ils ont servi de modèles pour rétablir l'intérieur de
l'église et les monuments dans leur ancienne forme. Ces
objets d'antiquité sont au nombre de soixante-trois. Nous
indiquerons les principaux :

*Première arcade, en partant de la porte latérale qui
conduit dans la nef droite de l'église :* — Ancienne statue
de saint Jacques-le-Majeur ; il porte la besace, le bourdon
et des coquilles à son chapeau ; — un bas-relief représentant la mort d'un abbé ; des moines sont auprès de lui
et le pleurent ; — un chapiteau d'architecture romande ;
— plusieurs torses.

Seconde arcade : — Deux pleureuses en marbre blanc
d'assez bon style ; l'une d'elles porte une aumônière à la
ceinture; — un personnage en dalmatique portant un livre ;
— l'inscription suivante, qui recouvrait un tombeau :

```
ANNO D.NI M.CC OC
TOG. III V KL AU
GUSTI OBIIT MA
GISTER I VALO
DE BELL. ET HIC
JACET CUI. A L.
REQUIESCAT IN PACE
```

(Anno Domini 1285. V kalendas augusti obiit magister ivo valo de Belliaco
et hic jacet, cujus anima requiescat in pace.)

Troisième arcade : — Un lion et un aigle, signes sym-
boliques des évangélistes saint Marc et saint Jean ; — un

torse paraissant être un fragment de la statue de saint
Jean, à en juger par la peau qui lui sert de vêtement ; —
les armoiries du comte Humbert de Romont (une croix
et cinq croissants) portées par une figure accroupie ; —
une inscription française du treizième siècle :

† CI GIT FRERE
MARTIS LITIELE
RS . PRIEZ FOR LI
QUE DIEX EN AIT
MERCI SIENDIT
ES LA PATRE N
OTRE

(Ci-gît frère Martin le tuilier, priez pour lui, que Dieu en ait merci,
ainsi dites pour lui le *Pater noster.*)

Quatrième arcade : Le torse de Jésus-Christ attaché à
la colonne ; — un écusson aux armes de Savoie ; — un
bas-relief représentant l'apparition de la sainte Vierge à
saint Bernard ; — une ancienne statue d'apôtre, dont la
barbe et les vêtements ont été dorés.

Cinquième arcade : — Un bas-relief représentant la
résurrection de Jésus-Christ ; — deux torses ; — une tête
dont la chevelure a été dorée ; — une sainte Vierge portant l'enfant Jésus.

Sixième arcade : — La statue couchée de Jeanne de
Montfort, avec le fragment d'un ange en prières près de
son oreiller ; — un chapiteau d'ordre roman ; — la pierre
tumulaire d'un abbé d'Hautecombe, sur laquelle est
sculptée une croix en trèfle ; — le torse d'une ancienne
statue du comte de Romont ; — des fragments de la pierre
qui recouvrait son tombeau ; on voit ses armes aux deux
coins de l'un de ces fragments, la tête et la poitrine d'un
squelette, au centre. La première ligne de l'inscription
est incomplète ; mais sur la seconde ligne on peut lire
ces mots : *Tali in domo clauditur omnis homo.*

Un escalier d'une belle architecture conduit dans les vastes corridors qui distribuent les cellules et les appartements royaux. En face de la première rampe, les moines ont fait encastrer dans le mur l'inscription suivante en l'honneur de Charles-Félix , pour témoigner leur reconnaissance de ses libéralités :

AMEDEUS . SABAUDIÆ . ET . MAURIANIÆ . COMES
MONASTERIUM . HOC . VOVIT
HUMBERTUS . VOTUM . ADIMPLEVIT
AMPLO . PATRIMONIO . DITAVIT
CISTERSIENSIBUS . MONACHIS . ADVOCATIS . DONAVIT
EORUMQUE . HABITUM . INDUIT . VITAMQUE . SUAM . IBI . FINIVIT
ET . INTER . BEATOS . VIRTUTIBUS . ONUSTUS . ADNUMERATUS . EST
CAROLUS · FELIX · REX
ÆGRÊ . FERENS . CINERES . TANTORUM . PRINCIPUM . MANERE . INCULTAS
ÆQUE . CUPIDUS . SUFFRAGIIS . EOS . HONORARI . SPIRITUALIBUS
NEC . NON . TAM . INSIGNI . MONUMENTI . OBSOLETA . VESTIGIA
NE . ULTRA . PRÆTEREUNTIBUS . ECCINE . LOCUS . RELINQUERETUR . DICENDUM
EX . ANIMO . REVIVISCERE . OMNIA . STATUIT
MAGNUM . AGGREDITUR . OPUS
VERE . A . FUNDAMENTIS . DIRUTUM . TEMPORIS . CONDITIONE . MONASTERIUM
REÆDIFICAVIT . SUPPELLECTILIBUS . ABUNDE . DITAVIT
CINERES . SUORUM . PRÆDECESSORUM . COLLEGIT
IN . ELEGANTIORI . SACELLO . COLLOCAVIT
SIMILEMQUE . QUAM . POTUIT . VETUSTÆ . FORMAM . DEDIT . ECCLESIÆ
QUIBUS . OMNIBUS . ÆRE . PROPRIO . EXPLETIS
MEMORIAM . SUI . SUORUMQUE . PERENNEM
INCLITÆ . SABAUDIÆ . AC . MAURITANIÆ . PER . EUROPAM . VETUSTIOREM
RELINQUERE . VOLENS
RELIGIONE . PIETATEQUE . PROGENIEM
NUNQUAM . SATIS . LAUDABILEM
MUNIFICENTISSIMUS . ERGA . CISTERSIENSEM . ORDINEM
EJUSDEM . ORDINIS . PATRIBUS . AMPLISSIMO . DIPLOMATE
ANNO . MDCCCXXVI . DIE . VII . AUGUSTI . REDONAVIT
TOTUS . AUTEM . CISTERSIENSIS . ORDO . IN . BENEMERENTIAM
ERGA . TANTUM . BENEFACTOREM
AD . PERPETUAM . REI . MEMORIAM . GRATI . ANIMI
MONUMENTUM . HOC . POSUIT

Le rez-de-chaussée du monastère est occupé par le cloître , le réfectoire , la cuisine , le parloir , de larges corridors , etc.

Les cellules des moines sont au premier étage. De

vertueux cénobites, distingués par une piété exemplaire, une instruction solide, une charité évangélique et une aimable obligeance, habitent cette calme solitude. Trois fois par jour, ils font retentir les voûtes sacrées de chants religieux qui s'élèvent au ciel comme un pur encens.

Les appartements royaux comprennent les deux pavillons et l'aile du couchant; ils ont une noble simplicité, bien convenable pour un lieu de retraite. Les peintures à fresque dont ils sont ornés, sont dues aux pinceaux des frères Vacca ; nous en indiquerons les sujets :

Salle d'entrée: — Au centre du plafond : — la Religion et ses emblêmes. — Dans les contours : les quatre vertus cardinales, — Force, — Prudence, — Tempérance, — Justice, — et six médaillons représentant des traits de l'histoire sainte.

Salle d'audience du Roi : — Moïse recevant les tables de la loi sur le mont Sinaï.

Galerie : — Les quatre Sybilles.

Antichambre de la Reine : — David jouant de la harpe.

Salon de la Reine : — Douze anges entourés de guirlandes de fleurs, supportent les saintes Ecritures.

Le pavillon occidental s'ouvre au midi sur un jardin en terrasse, divisé en deux compartiments : l'un est réservé pour S. M., l'autre est une dépendance du monastère. Le petit emplacement qui est au levant de ce dernier compartiment a servi autrefois de cimetière.

La vue dont on jouit des terrasses et des appartements, au midi et au levant, est magnifique; l'échelle de collines et de montagnes gigantesques, commençant aux bords de la rive pour se terminer au sommet des Alpes, le lac sur lequel les yeux se reposent, offrent le plus harmonieux ensemble des sublimes grandeurs de la nature.

CHAPELLE DE SAINT ANDRÉ & TOUR DU PHARE.

La chapelle de saint André et la tour du phare sont construites en briques limées, dont la couleur rouge produit un gracieux contraste avec des encadrements en pierre blanche de Seyssel.

Charles-Félix a fait bâtir cette chapelle, avec une façade d'architecture romande, sur les ruines d'une ancienne chapelle de même style, où la tradition porte que saint Bernard de Clairvaux a célébré la messe au douzième siècle.

Le premier plan de la façade est formé par une porte, où l'on arrive par neuf degrés, accompagnée de deux fenêtres latérales en arcs à plein cintre. Le second plan, qui est séparé du premier par une frise et une corniche, se compose d'une fenêtre centrale, surmontée d'un fronton accosté de deux pyramides. La porte conduit dans un péristyle, où l'on a conservé les vestiges des constructions antiques, et au-dessus duquel est placée la tribune royale.

De riches vitraux peints par les frères Muller, de Berne, éclairent l'intérieur; on remarque sur ceux de la fenêtre centrale : saint Charles-Borromée, patron du Roi; sainte Christine, patronne de la Reine, et la sainte Vierge entourée des anges.

Un pavé d'albâtre de Maurienne, en losanges blancs et noirs; des murs revêtus de stuc; une voûte en ogive, supportée par treize colonnettes, et peinte d'azur étoilé d'or; un autel à la romaine, en marbres suisses de diverses couleurs ; un excellent tableau , représentant le martyre de saint André , œuvre d'Ayrès , artiste piémontais : telle est la décoration intérieure de la chapelle de saint André.

Cette chapelle communique par la tribune avec le premier étage du pavillon de la Reine , et par le péristyle avec les corridors du rez-de-chaussée. Sa hauteur est de dix mètres du pavé à la voûte, sa longueur de onze mètres et demi, et sa largeur de cinq mètres soixante-cinq centimètres. La base de la tour, qui fait corps avec l'absyde de la chapelle, a été utilisée pour une petite sacristie, au-dessous de laquelle sont les caveaux destinés à la sépulture des moines.

Un rocher perpendiculaire , contre lequel se brisent les eaux du lac, sert de piédestal à la tour du phare ; le fanal qu'on y allume dans les nuits orageuses guide les bateliers surpris par la tempête. Cette pensée bienveillante, due au Roi Charles-Félix , fournit une preuve touchante de la bonté de son cœur.

Extérieurement, la tour a la forme d'un cône à la base ; elle s'élève ensuite en octogone , et se termine par une galerie de style gothique. L'intérieur se compose d'un escalier tournant surmonté d'un observatoire , dont la dimension et les ornements imitent la chambre de la poupe du vaisseau royal *Marie-Thérèse*.

La hauteur de la galerie au-dessus du niveau du lac est de quarante-cinq mètres. A part l'élévation de la perspective, la vue, depuis ce point culminant, est à peu près la même que celle des terrasses et des fenêtres des bâtiments.

A gauche : — La pointe Saint-Gilles, — l'embouchure du canal de Savières, qui joint le lac au Rhône, — les prairies et les fertiles cultures de la vallée de Chautagne., — le rocher et le château de Châtillon , — les *champs fleuris* de Chindrieux ; — et dans le fond du tableau : les montagnes du Jura , qui séparent la France de la Suisse.

En face : — Le village et le vignoble de Brison couronnés par le sommet de la montagne de Cessens.

A droite : — La colline de St-Innocent, — le port de Puer , — la ville d'Aix , — la riante colline de Tresserve , — le château de Bonport , — les rocs du Viviers ; — et sur le dernier plan : les montagnes des Bauges , — la Dent de Nivolet , — la grande chaîne des Alpes , dont la crête est toujours blanchie par la neige.

FONTAINE INTERMITTENTE.

En sortant de l'enceinte des cours par une porte en ogive, au nord - ouest , on suit une route bordée de noyers , de mûriers, de frênes et d'acacias, sur le penchant de la montagne. Après un quart d'heure de marche , on arrive vers la fontaine intermittente. Elle sort d'une crevasse dans le roc , au pied d'une pente rapide, et coule à des intervalles très-inégaux. En temps de pluie , elle paraît fréquemment dans la journée , et même quatre ou cinq fois par heure ; mais pendant la sécheresse , elle reste plusieurs jours sans couler. Ses eaux, qu'on recueille dans un réservoir , suffisent pour alimenter un petit moulin situé dans un pré au-dessous de la route.

Pline a écrit la description d'une fontaine intermittente en Italie, sans indiquer la cause véritable de ce phénomène.

On en a donné dès lors plusieurs explications ; la plus satisfaisante que je connaisse est celle que le vénérable archevêque de Chambéry, Mgr Billiet, si connu dans le monde savant, a eu l'extrême obligeance de me communiquer. Je la cite textuellement :

« Qu'on suppose un réservoir existant dans l'intérieur du sol, un filet d'eau qui y arrive du sein de la montagne, une cavité, ou un tube recourbé en forme de siphon, qui ait l'une de ses ouvertures en dedans et vers le fond du réservoir, et l'autre en dehors à un niveau inférieur.

« Si le tube emploie autant de temps à vider le réservoir qu'il en faut au filet d'eau pour le remplir, il y a écoulement continu : c'est une fontaine *uniforme*. Si le réservoir est presque aussitôt rempli que vidé, en sorte que l'écoulement éprouve des retours d'augmentation et de diminution sans cesser entièrement, on a une fontaine *intercalaire*. Si le siphon a un diamètre assez large pour épuiser le réservoir en 15 minutes, tandis qu'il en faut 30 à la source pour le remplir, on aura une fontaine *périodique* ou *intermittente*, dont l'écoulement sera de 15 minutes et la rémission de 30 minutes. Si le siphon peut épuiser le réservoir en 5 minutes, tandis qu'il en faut 60 à la source pour le remplir, il y aura écoulement de 5 minutes et intermittence d'une heure.

« Si la source fournissait toujours la même quantité d'eau, la durée des intermittences serait invariable; mais si, comme il arrive presque toujours, elle augmente chaque fois qu'il pleut et diminue dans les temps de sécheresse, les intermittences doivent varier en sens inverse dans les mêmes proportions. Ce phénomène pourrait être expliqué de plusieurs autres manières ; mais celle qui précède est préférable, parce que le glou-glou, qu'on entend à la fin de chaque écoulement, paraît annoncer d'une manière certaine la rentrée de l'air dans un siphon peu éloigné. »

Cette fontaine capricieuse est entourée d'une forêt de maronniers séculaires ; c'est la promenade favorite de S. M. la Reine Marie-Christine, quand elle fait son séjour à Hautecombe. Lorsque leurs majestés le Roi Charles-Albert et son auguste épouse visitèrent, en 1834, le duché de Savoie, dont la population, heureuse de posséder ses souverains, leur donnait à chaque pas des témoignages d'amour, de fidélité, de respect, ils vinrent, le 10 juin, prier à Hautecombe sur les cendres de leurs glorieux ancêtres, et se reposèrent ensuite sous ces frais ombrages. Leurs altesses I. et R. l'archiduc Reignier, vice-roi du royaume Lombard-Vénitien, son auguste épouse, l'archiduc Léopold leur fils, la belle et gracieuse archiduchesse Marie leur fille, s'y arrêtèrent aussi pendant plusieurs heures, le 22 mai 1842, après avoir visité l'abbaye royale.

On compte chaque année plus de trois mille personnes qui viennent payer leur tribut d'admiration à ce site enchanteur et aux monuments d'Hautecombe.

CHAPITRE QUATRIÈME.

FONDATION.

L'abbaye royale de Sainte-Marie-d'Hautecombe fut
fondée l'an 1125, par Amédée III, comte de Savoie, à la
prière de saint Bernard, abbé de Clairvaux, et de saint
Guerin, abbé d'Aulps, avec lesquels il était étroitement
lié. La charte de fondation n'exprime point que le comte
Amédée eût le projet de destiner cette abbaye à la sépulture de sa famille. Ce prince partit l'an 1147, avec son
neveu Louis VII, roi de France, pour la seconde croisade,

12

prêchée par saint Bernard. Atteint de l'épidémie qui régnait dans le camp des Croisés, il mourut en 1149, à Nicosie, ville de l'île de Chypre, et fut inhumé dans le monastère du mont Sainte-Croix (1)* ; mais après lui, le cloître et l'abbaye d'Hautecombe devinrent le lieu de sépulture des princes de la maison de Savoie, depuis le règne d'Humbert son fils jusqu'à l'époque où le siége principal du gouvernement, qui était fixé à Chambéry, fut transféré à Turin (2).

Il est essentiel de rappeler quelques circonstances antérieures à la charte d'Amédée III, qui se rattachent à la fondation d'Hautecombe.

Des religieux de l'abbaye de Molesme en Bourgogne, qui suivaient la règle de saint Benoît, partirent de leur monastère vers la fin du onzième siècle, pour chercher une autre retraite. Ils se fixèrent à vingt-cinq kilomètres de Thonon et du lac Léman, dans une vallée agreste du Chablais, sur le versant septentrional des Alpes, et jetèrent les fondements d'une abbaye célèbre dédiée à Sainte-Marie-d'Aulps (*alpes*). Elle a subsisté jusqu'en 1792 ; il n'en reste plus aujourd'hui que des ruines.

Guy fut le premier abbé de ce couvent, qui demeura soumis pendant quelques années à l'abbaye-mère, à laquelle était réservé le droit de nommer les abbés d'Aulps, en vertu d'une convention passée entre les deux monastères, l'an 1097 ; mais saint Guerin, successeur de Guy, obtint en 1120, du pape Calixte II, une bulle qui annula cette convention, et consacra l'indépendance du monastère d'Aulps. Le nombre des moines y était devenu si

---

considérable, que quelques-uns d'entre eux allèrent
fonder une colonie à Cessens, entre la rive orientale du
lac du Bourget et la route de Rumilly à Aix-les-Bains (5).

La vallée ou *combe* (4) dans laquelle ils bâtirent leurs
cellules, située à quelques minutes du village des Gran-
ges, fut appelée par eux *Haute Combe*, à cause de son
élévation au-dessus de la plaine de Rumilly. Ils y vécu-
rent à la manière des anachorètes, et continuèrent à
dépendre du monastère d'Aulps ; car la concession du
territoire dont ils furent gratifiés à Cessens, de la part
d'Amédée III, l'an 1121, n'eut pas lieu en leur faveur
particulière, mais en faveur *de l'abbaye d'Aulps et de
Guerin, son abbé.*

Saint Bernard, renommé par ses vertus, son caractère
énergique, sa haute intelligence, et disciple de saint
Robert, fondateur de l'ordre de Citeaux, avait introduit
de salutaires réformes dans le troupeau confié à ses soins.
Saint Guerin, son intime ami, les adopta l'an 1125, pour
le monastère d'Aulps, et entre autres, les dispositions qui
prescrivaient aux moines de quitter les cellules d'ermites
et de vivre en communauté. Il ordonna en conséquence,
à ses religieux établis en anachorètes dans la *haute* vallée
ou *combe* de Cessens, de rentrer dans la vie cénobitique.
Ceux-ci se déterminèrent alors à s'éloigner du territoire
qu'ils occupaient, pour fonder un couvent sur la rive
opposée du lac du Bourget, dans un lieu appelé *Charaya*,
auquel ils donnèrent le nom de *Haute-Combe*, en souvenir de l'ermitage qu'ils venaient d'abandonner.

La préférence qu'ils accordèrent au nouveau local est
suffisamment justifiée par sa situation favorable pour une
maison de retraite, à raison surtout de son isolement au
bord du lac. Cependant une des plus anciennes chroniques

de Savoie, écrite vers la fin du quatorzième siècle (mais erronée sur plusieurs points historiques), attribue la fondation du couvent d'Hautecombe à ce que « dans ce « lieu dévocieux par miracle y apparust de une lumière « resplandissant qui se moustrait de jour et de nuyct » (5).

Le vertueux Amédée d'Hauterive et les religieux de l'ordre de Citeaux reçurent du comte de Savoie Amédée III, par une charte datée de 1125, la donation à perpétuité *de toutes les terres allodiales qu'il possédait et avait droit de posséder à Charaya, maintenant Haute-Combe*, pour y établir un monastère en l'honneur *de Dieu et de la bien-heureuse Vierge Marie* (6).

Telle est l'origine de l'abbaye royale dont nous avons donné la description.

Les auteurs qui assignent à la fondation d'Hautecombe une date postérieure à l'an 1125, sont complètement réfutés par la charte que nous venons de citer, tirée du cartulaire de cette abbaye. Il est également impossible de faire remonter l'existence de ce monastère antérieu-rement à Amédée III. A la vérité, il est dit dans la charte que le comte de Savoie donne *à Amédée, abbé, et à ses frères;* mais on comprend que lorsque les anachorètes de Cessens embrassèrent la vie cénobitique, ils durent être placés sous la direction d'un abbé, et qu'ils purent ac-cepter avec lui, suivant les usages de cette époque, la donation qui était faite, pour leur procurer un établis-sement.

Bien qu'on ait trouvé des antiquités ou des vestiges de constructions romaines à Seyssel, à St-Genix-d'Aoste, (petites villes de Savoie situées au bord du Rhône et peu éloignées d'Hautecombe), au village du Bourget, vers l'extrémité méridionale du lac, et enfin sur le Mont-du-

Chat, cependant l'opinion suivant laquelle ce monastère aurait été bâti sur les ruines d'un temple païen, ne repose pas sur des indices suffisants. L'inscription romaine :

AVG . SACRVM . C . FL . VOLTIN . SABINUS

rapportée par Guichenon, et qu'un archéologue genevois (Abauzit) a vue autrefois dans le cloître, n'est pas un argument concluant, puisqu'on ignore si elle a été découverte dans le territoire de l'abbaye, ou si elle a été apportée dans le monastère.

Quoi qu'il en soit, cette abbaye n'eut pas une prospérité moins grande que celle d'Aulps. Peu d'années après sa fondation, lorsque saint Bernard en fit la visite (7), elle comptait deux cents religieux, et elle put fonder à son tour des colonies, notamment l'abbaye de St-Etienne de Fossa-Nuova, près de Terracine, dans le royaume de Naples (8).

Depuis le milieu du onzième siècle, les monastères prirent un développement, une influence extraordinaire, qui s'est continuée progressivement jusque vers la fin du douzième siècle. L'ordre seul de Citeaux, fondé en 1098, comptait 1,800 abbayes peu après l'année 1200 (9).

Lorsqu'un saint anachorète avait réuni autour de sa cellule assez de disciples pour former une maison religieuse, ils étaient organisés suivant les règles cénobitiques (c'étaient celles de saint Bazile, en Orient, et celles de saint Benoît, en Occident, qui étaient le plus universellement adoptées); ou bien, à mesure qu'un monastère devenait trop nombreux, il envoyait des religieux fonder une colonie dans des terres dépeuplées dont les seigneurs leur faisaient la concession. Ces religieux élevaient une chapelle, construisaient des cellules, fertilisaient les terres par la culture, formaient des ateliers, et leurs travaux suffisaient à tous les besoins de la communauté ; quelquefois même ils creusaient des fossés et préparaient divers autres moyens de défense, pour se garantir contre la force brutale dont l'abus était si fréquent à cette malheureuse époque ; ils faisaient en commun la prière et les repas : chacun vaquait ensuite aux occupations qui lui étaient assignées.

Cet accroissement rapide des monastères ne fut pas seulement causé par un redoublement de ferveur religieuse, il fut aussi l'effet d'un besoin de l'époque. La société était déchirée par l'anarchie et par les batailles continuelles que les seigneurs féodaux se livraient entre eux. Les institutions sociales, empreintes de barbarie et d'ignorance, étaient impuissantes à protéger la propriété et la vie. Enfin la servitude *de corps* et celle *de la glèbe* étaient en pleine vigueur.

Au milieu de ces maux, qui répandaient partout l'inquiétude, le découragement, la désolation, les hommes de tous les rangs trouvaient un refuge paisible et une protection généreuse dans les monastères, sauvegardés par la religion, et dont un grand nombre avaient les moyens matériels de repousser d'injustes agresseurs. Le serf, le taillable à merci ou à miséricorde, et l'artisan, étaient accueillis comme le guerrier et le puissant feudataire. Tous, revêtus d'un froc semblable, devaient se soumettre sans distinction à la règle commune, et partager leur existence entre la prière et le travail manuel, auquel plusieurs d'entre eux ajoutaient la culture des lettres, alors exclusivement abandonnées au clergé.

Ardents auxiliaires de l'église romaine, les cénobites du moyen-âge concoururent puissamment au succès de ses

efforts pour imprimer à la civilisation le mouvement pro-
gressif qui s'est continué par les croisades , par l'établis-
sement des communes , et qui a été si fortement accéléré
par l'imprimerie. Ils s'interposaient auprès des grands
pour faire réparer les injustices, pour calmer les haines,
apaiser les vengeances , et arrêter des mains prêtes à faire
couler le sang. Quelle reconnaissance ne leur doit-on pas
pour nous avoir conservé tant d'écrits précieux, chefs-
d'œuvre du génie des anciens !

Les abbés des grands monastères, élevés à cette dignité
par la voie de l'élection , et choisis parmi les personnes
les plus lettrées de leur temps , furent en général des
hommes remarquables par leurs lumières et leurs vertus.
Jouissant de la même considération que les évêques, ils
étaient appelés dans les conseils des souverains , qui leur
confiaient des ambassades , leur remettaient les rênes de
l'état lorsqu'ils devaient s'absenter, et les chargeaient de
l'exécution de leurs volontés dernières.

Les couvents produisirent une foule de personnages
distingués non-seulement par une piété exemplaire, mais
encore par un esprit supérieur pour leur époque, et par
un courageux dévoument au triomphe de la religion et
au bonheur de leurs semblables. Le monastère d'Hautecombe surtout en a fourni un très-grand nombre , parmi
lesquels on remarque trois saints, deux papes, plusieurs
cardinaux et prélats illustres dans l'histoire de l'église.

Saint Amédée d'Hauterive fut le premier abbé d'Hautecombe. Issu d'une famille distinguée de la Côte-Saint-
André , dans le Dauphiné, il avait passé ses premières
années à la cour de l'empereur d'Allemagne Henri V ;
il se retira dans l'abbaye de Clairvaux , où il acquit l'affection de saint Bernard, qui le choisit pour diriger les

religieux d'Hautecombe. L'empereur Conrad II l'appela
dans son conseil ; l'empereur Frédéric I en fit son chan-
celier ; il reçut du comte Amédée III de Savoie la plus
grande preuve d'estime et de confiance : ce prince, en
partant pour la Terre-Sainte, le chargea de la tutelle de
son fils Humbert III, et lui remit l'administration de ses
états. L'abbé d'Hauterive fut à la hauteur de cette im-
portante mission, et l'on a vu les heureux résultats de
l'éducation religieuse qu'il donna au jeune Humbert.
Promu à l'évêché de Lausanne, l'an 1144, il y mourut
en 1158, avec la réputation d'un saint. Il a composé huit
homélies en l'honneur de la sainte Vierge, insérées dans
la *Bibliothèque des Pères* (10).

Saint Vivian, disciple de saint Bernard, fut le successeur de l'illustre Amédée d'Hauterive dans la dignité
d'abbé d'Hautecombe (11).

Le bienheureux Humbert III, comte de Savoie, fut
élevé dans le monastère d'Hautecombe, où il revint souvent faire des retraites. Quelques jours avant sa mort, il
y prit l'habit religieux (12).

Les souverains pontifes Célestin IV et Nicolas III, sor-
tirent l'un et l'autre du monastère d'Hautecombe. Le
premier se nommait *Geoffroi de Châtillon*, et fut élu pape
en 1241. Le second, *Jean-Gaétan Orsini*, fut appelé sur
le trône pontifical l'an 1277 (13).

Ce titre de gloire de l'abbaye royale d'Hautecombe y
était rappelé par les deux inscriptions suivantes, qu'il
paraîtrait à propos de rétablir dans le cloître (14) :

GAUDE . DOMUS . ALTÆ-CUMBÆ
PROLEM . NUTRISTI . ECCLESIÆ
ANTISTITEM . MAGNUM . QUARTUM
CÆLESTINUM . AC . FACUNDUM

ALTA-CUMBA
SABAUDIÆ . NATUM . GENUISTI . SAPIENTIÆ
NICOLAUM . TERTIUM . PONTIFICEM . MAGNUM
ATQUE . GENEROSUM

Parmi les abbés d'Hautecombe élevés à la pourpre
romaine ou à l'épiscopat, on compte :

Henri, célèbre par ses écrits contre les Albigeois et par
les nombreuses ambassades dont il fut chargé auprès des
principales cours de l'Europe. Appelé en 1179 au concile
de Latran, le pape Alexandre III le nomma cardinal-
évêque d'Albano (15).

Alexandre Farnèse (1538), cardinal et neveu du pape
Paul III (16).

Le cardinal *de Saint-Georges*, qui vivait en 1550 (17).

Pierre de Bolomieu, nommé évêque de Belley en 1444.

Perceval de la Baume, son successeur, évêque de Mon-
dovi et ensuite patriarche de Grade (18).

Claude d'Estavayé, évêque de Belley en 1516 (19).

Claude de la Guiche, ambassadeur de l'empereur d'Allemagne (Henri II), en Portugal et à Rome, protonotaire
apostolique en 1540, puis évêque d'Agde, d'où il fut
transféré au siége de Mirepoix (20).

Alphonse del Bene, évêque d'Alby. Ce savant prélat
s'est fait un nom par ses écrits littéraires et par ses rela-
tions avec les beaux-esprits de son temps. Ronsard lui
dédia son *Art poétique*, et Juste Lipse son célèbre ouvrage
sur les anciennes inscriptions. Il était lié avec le président
Favre et saint François de Sales, fondateurs de l'Académie Florimontane d'Annecy. Del Bene fut agrégé à cette
académie. Enfin, il fut nommé historiographe du roi
Charles-Emmanuel I, qui lui accorda, par patentes du 20

13

mars 1572, la dignité de sénateur dans le Sénat de Savoie. Les bulles pontificales qui ont conféré à ce prélat l'abbaye d'Hautecombe, sont sous date du premier octobre 1589. Le roi, par des patentes du 20 décembre suivant, le confirma dans les fonctions de sénateur (21).

Les abbés d'Hautecombe ont été honorés dès lors de cette dignité, non point en vertu d'une disposition générale, comme quelques auteurs l'ont affirmé, mais par des patentes qui leur étaient accordées personnellement, comme aux archevêques de Tarentaise (22).

L'abbé général de l'ordre de Citeaux portait, en France, le titre de premier conseiller-né du parlement de Bourgogne (23).

Nous citerons encore les noms de quelques autres abbés d'Hautecombe qui ont eu des titres particuliers à la célébrité :

Godefroy, qui vivait en 1180, a écrit plusieurs ouvrages estimés, et entre autres la vie de saint Pierre, archevêque de Tarentaise (24).

Guy, abbé en 1212. Ce fut par son conseil que le comte Thomas accorda des franchises à la ville de Yenne (25).

Robert, qui vivait en 1252, eut l'honneur d'être chargé par le pape Grégoire IX, de missions très-importantes auprès des cours d'Angleterre et de France (26).

Lambert, abbé en 1258. Béatrix de Savoie, comtesse de Provence, et Pierre le Petit-Charlemagne, lui confièrent l'exécution de leurs dernières volontés (27).

Conrad fut élu abbé de Clairvaux en 1313 (28).

Sylvestre de Saluces, abbé en 1605, fut ambassadeur des ducs de Savoie Charles-Emmanuel I et Victor-Amédée I, en France et à Venise (29).

Adrien de Saluces fut élevé à la dignité de doyen dans

le chapitre des comtes de Lyon ; il mourut dans cette ville en 1640 (30).

Antoine de Savoie, dont nous avons fait mention dans le chapitre deuxième (31).

L'abbaye royale d'Hautecombe fut enrichie par les dons généreux et les nombreux priviléges que lui accordèrent les princes de la maison de Savoie, et notamment : Humbert III, — Thomas I, — Thomas II, — Amédée IV, — Sybille de Baugé, — Edouard, — Aimon, — Louis II, baron de Vaud, — Bonne de Bourbon, femme d'Amédée VI, — Humbert, comte de Romont, — Yolande de France, femme d'Amédée IX, dit *le Bienheureux*, etc. (32).

« Les princes de la maison de Savoie (dit l'éloquent évêque de Maurienne, monseigneur Vibert), ont eu de tout temps une affection particulière pour l'abbaye d'Hautecombe. Nos souverains aimaient à habiter ce lieu de retraite ; ils y trouvaient, loin des agitations du monde, un repos que ne pouvait leur donner l'éclat de la puissance et de la grandeur ; ils allaient devant les tombeaux de leurs pères s'humilier sous la main de Dieu, et la vue du néant des choses humaines leur apprenait comment ils devaient user du pouvoir que Dieu leur avait confié. Une vertu secrète sortait, pour ainsi dire, des cendres de leurs aïeux, et réchauffait dans leurs veines le sang qui avait coulé dans celles des Humbert et des Amédée. Tant de vertus et d'actions héroïques rappelées à leur mémoire, étaient pour eux la source féconde des plus nobles pensées ; et c'est peut-être à la puissance de tels souvenirs que nous devons en grande partie de n'avoir eu, dans la longue suite de nos souverains, que des princes pieux, et dont le but fut toujours le bonheur de leurs peuples. » (33).

On sait que plusieurs monastères ont joui depuis le moyen-âge d'une puissance temporelle qui rentrait dans l'ordre féodal. L'abbaye royale d'Hautecombe a été de ce nombre. Le comte Thomas I lui permit, en 1205, de posséder des fiefs, et l'exempta des taxes qui étaient perçues sur l'achat, la vente ou le transport des marchandises. Ce droit était limité à l'usage et aux besoins du couvent. Il défendit à ses officiers de l'inquiéter et d'en exiger des amendes pour faits de chasse ou autres (34).

Ensuite, par une charte du mois de mars 1252, datée de Pierre-Châtel, il donna en fief aux religieux d'Hautecombe les villages de Meyrieux, de Clarafons, de Frisine et autres lieux, en présence de Guillaume son fils, évêque, et d'Humbert de Seyssel, ce que confirmèrent peu de temps après Marguerite de Faucigny, comtesse de Savoie, Aimé, Aimon, Pierre, Boniface et Philippe, ses enfants (35). L'abbé d'Hautecombe fut dès lors vassal des princes de Savoie. Le baron de Vaud (Louis II), pour avoir part aux prières du couvent, ajouta, en 1325, à ces droits féodaux, la justice du fort de Lavour en Bugey, jusqu'au pont de Chanaz, sur le Rhône (36).

Le village de Montagny appartenait aussi à l'abbaye en vertu de la concession qu'Etienne Chabod, de Chambéry, en avait faite en 1308, à l'abbé Conrad. Ce village fut donné en fief à Vivian Veillet, en 1327, par Jacques, abbé d'Hautecombe.

Le monastère d'Hautecombe ne jouissait point d'une juridiction illimitée dans son territoire féodal. Il n'avait pas le droit d'y élever des *fourches patibulaires*, et lorsque le juge nommé par l'abbaye prononçait la peine de mort contre les malfaiteurs, la sentence devait être exécutée aux arbres éloignés de la route. Les *fourches patibulaires* étaient le signe extérieur d'un pouvoir sans bornes et une grande marque de distinction , dont on faisait étalage dans le temps de la féodalité. Elles restaient constamment élevées dans l'endroit le plus apparent de la cour du château seigneurial. La forme de ces potences , dont les piliers étaient ordinairement en pierre , indiquait la dignité du seigneur haut-justicier : les comtes avaient le droit d'avoir six piliers , les barons quatre piliers , les seigneurs châtelains trois piliers , et les simples seigneurs deux piliers (37).

Le riche patrimoine de l'abbaye ne pouvait être confié à des mains plus charitables. Les œuvres pieuses des religieux d'Hautecombe s'étendaient jusque dans la ville de Lyon. Depuis la fin du douzième siècle , ils se chargèrent de l'aumônerie et de l'entretien du seul pont jeté sur le Rhône , dans cette ville.

Au commencement du siècle suivant , l'archevêque Pierre de Savoie leur remit l'administration du grand hospice de l'Hôtel-Dieu , fondé en 548 , par le roi Childebert et sa femme Ultrogothe , au confluent du Rhône et de la Saône. Le développement de cet hospice (le premier peut-être des Gaules) , rendant cette tâche trop difficile , à cause de la distance qui le sépare du monastère , l'abbé d'Hautecombe , Etienne Verdet , entra en négociations avec Jean de Braissy , abbé d'un autre monastère du même ordre , plus rapproché de Lyon , et possesseur de belles forêts dans le voisinage. Par suite de la convention qu'ils conclurent , le monastère de Chassagne , situé près de Villefranche , se chargea de l'entretien du pont et du service de l'Hôtel-Dieu. Les moines de Chassagne administrèrent cet hospice pendant plus d'un siècle ; mais (dit un historien de Lyon) les pestes et

les épidémies y amenèrent tant de malades, qu'il ne fut
plus possible à ces religieux de soutenir un aussi lourd
fardeau, soit sous le rapport de la direction, soit sous
celui de la dépense ; ils appelèrent d'abord à leur aide
les conseillers échevins de la ville, et leur abandonnèrent
ensuite entièrement l'administration de l'Hôtel-Dieu, l'an
1486 (38).

Les religieux d'Hautecombe administrèrent pendant
un plus long intervalle la maladrerie ou léproserie, fondée dans la même ville par Jean de Fabrice ; ils en prirent la direction en 1319, et la conservèrent jusqu'aux
célèbres déclarations de Louis XIV sur les hôpitaux. Un
édit publié au mois de décembre 1672, commença par en
ôter l'administration aux monastères, pour la confier aux
ordres équestres du Mont-Carmel et de Saint-Lazare-de-
Jérusalem ; ensuite tous les établissements de bienfaisance
furent organisés sur de nouvelles bases par les édits de
1693 et 1698 (39).

Les dons généreux de la maison de Savoie, les libéralités exercées par de hauts dignitaires de l'église, par
des seigneurs et même par de simples particuliers, une
administration intelligente, et les défrichements des
moines, auxquels on doit les vignobles, les champs et
les prairies fertiles qui entourent le monastère, avaient
fait parvenir l'abbaye royale à une grande prospérité.

Le couvent avait deux murs d'enceinte, dont il reste
des traces : le premier commençait à l'ancien port, vers
le vieux bâtiment au nord de l'abbaye, où l'on retire
aujourd'hui les bateaux réservés pour le service royal ;
le second est debout. On y remarque l'antique porte de
l'aumône, ainsi nommée parce que les pauvres s'y réu-
nissaient pour recevoir chaque jour la charité libérale-

ment exercée par les moines. La face de cette porte, qui
regarde le chemin de la fontaine intermittente, est surmontée des armoiries d'un abbé.

Le nombre considérable de religieux, qui s'est élevé
jusqu'à deux cents, avait nécessité d'immenses édifices
pour les loger; on a trouvé plusieurs vestiges de constructions vers la fontaine intermittente, et l'on peut voir
encore des ruines de bâtiments sur le monticule qui
s'élève au couchant du monastère.

La plus ancienne construction dont les restes ont
échappé aux ravages du temps, est la chapelle de Saint-
André : les antiques colonnes romandes, taillées en mollasse et soigneusement conservées dans la nouvelle chapelle bâtie en l'honneur de ce saint, appartiennent au
douzième siècle.

Quant à l'église, on ignore l'époque de sa construction.
Cependant, elle doit avoir été bâtie dès les premiers
temps de l'abbaye, pour répondre au but de sa fondation
et pour réunir aux offices divins la prodigieuse quantité
de religieux qui s'y trouvaient du temps de saint Bernard.
Sa forme, dès l'origine, a été celle d'une croix latine.
Les différentes modifications qu'elle a subies depuis, n'ont
apporté aucun changement notable à la surface qu'elle
occupait alors, et qui est encore à peu près la même
aujourd'hui. L'histoire nous apprend que le tombeau
d'Humbert III fut placé dans le cloître, à côté de la porte
de l'église. Il y était encore du temps de Guichenon (40),
et il est certain que dès lors cet édifice n'a pas été agrandi.
L'architecture intérieure, œuvre de plusieurs siècles,
portait les traces des divers styles, roman, byzantin et
gothique, qui se sont succédé.

La chapelle dédiée à saint Michel, à droite du chœur,

fut ornée en 1293, lorsqu'on déposa dans la tombe Jeanne
de Montfort, où elle fut suivie, en 1302, par Louis Ier,
baron de Vaud, son époux. La petite chapelle à côté,
dédiée à saint Alphonse de Liguori, était autrefois consacrée à la sainte Vierge.

En 1342 fut terminée la chapelle des princes, à gauche
du chœur. Le comte Aimon la fit bâtir pour y déposer
les restes de ses prédécesseurs inhumés dans le cloître
de l'abbaye, qui n'étaient pas protégés par des monuments particuliers. Cette chapelle était ornée de douze
statues représentant les apôtres, coloriées d'or, d'azur et
de vermillon, comme les pages d'un Missel, suivant le
goût de cette époque, dans le but de leur donner l'aspect
de personnes vivantes. Les cinq siècles qui se sont écou-
lés dès lors, n'ont pu entièrement effacer la trace des
couleurs sur les fragments de ces statues, découverts dans
les fouilles et conservés dans le cloître. Jean Grandson et
Georges d'Aquila avaient peint la voûte de cette magnifique chapelle, fermée par une grille de bronze et d'airain.

Quelques années après, Bonne de Bourbon, femme
d'Amédée VI *le Comte-Vert*, fit construire une très-belle
chapelle dédiée à saint Benoît et à saint Bernard (41).
Nous sommes porté à croire qu'elle était placée hors de
la nef gauche, vers l'endroit où s'élève aujourd'hui la
rotonde de saint Félix.

En 1421, Humbert, comte de Romont, fonda une autre
chapelle à côté de la précédente. Nous avons eu sous les
yeux une gravure d'Hautecombe faite en 1700, où l'on
voit une saillie contre le mur extérieur de la nef gauche,
qui pourrait avoir servi d'enceinte à ces deux chapelles.

Au commencement du seizième siècle, Claude d'Estavayé, abbé commendataire d'Hautecombe, éleva la cha-

pelle de Belley devant la façade de l'église. La porte de
cette construction, qui a la forme d'un péristyle, était
tournée au nord au lieu d'être au couchant, en droite
ligne de la porte de l'église.

La voûte de la nef centrale de l'église était plus haute
de quatre mètres environ que la voûte moderne (42) ; elle
était supportée non point par des pilastres, mais par de
fortes colonnes en grès (mollasse), dont on a vu des vestiges. Conformément aux règles de l'architecture gothique, elles étaient composées de la réunion de quatre
colonnes moyennes renforcées par quatre colonnettes,
destinées à former les nervures de la voûte, en s'élevant
au ciel, comme l'expression de la prière. Les bas-côtés
avaient les chapiteaux les plus variés, présentant des
figures grimaçantes et des têtes d'animaux, emblêmes du
péché. On conserve dans le cloître quelques fragments
de ces sculptures trouvées dans les fouilles.

La disposition des caveaux qui renferment les dépouilles mortelles des princes de Savoie était la même qu'aujourd'hui. Il y avait un premier caveau sous le dôme,
vers la porte d'entrée du chœur ; un second, en forme
de T, dans la chapelle des princes ; un troisième dans la
chapelle du comte de Romont ; un quatrième au-dessous
du monument d'Humbert III ; un cinquième dans la chapelle de saint Michel ; un sixième dans le chœur, près
du tombeau des barons de Vaud, et un septième au-
dessous du tombeau de Boniface. Ils ont été trouvés avec
les ossements des princes, lors des fouilles de 1825 (45).

Tous les auteurs qui ont écrit sur Hautecombe parlent
de la richesse des peintures et des sculptures dont elle
était décorée. Guichenon nous a transmis les dessins des
monuments d'Humbert III, de Boniface, du comte Aimon

et de sa femme Yolande, de Louis, baron de Vaud, et
de Jeanne de Montfort ; ils étaient exécutés en bronze ou
en marbre. L'habile ciseau de Cacciatore les a reproduits
avec une admirable fidélité ; mais il ne reste aucun docu-
ment sur les autres mausolées, à l'exception de celui de
la comtesse Marguerite de Kibourg. Les ingénieuses allé-
gories de ce mausolée frappèrent le médecin Cabias, qui
a écrit sur les eaux d'Aix un ouvrage imprimé à Lyon en
1323. Ce docteur français, peu versé dans l'histoire de
Savoie, a cru que cette princesse était Marguerite de
France ; mais la description qu'il donne de son tombeau
n'en est pas moins intéressante. Je la rapporte en entier.

« Dedans l'église d'Hautecombe l'on voit les tombeaux
et sépulcres des sérénissimes princes de Savoie, lesquels
sont dignes d'être admirés, tant pour la beauté du marbre duquel ils sont travaillés, et relevés de leur longueur,
avec autant d'embellissement de l'or et l'azur qui éclatent
en leurs corniches, que pour les belles épitaphes qu'on
y lit. J'admire principalement celle pour madame Marguerite *de France*, qui comprend un sens énigmatique.
Sa statue est relevée en bronze, et au-dessus l'on y voit
une pierre carrée en forme cubique, mise au milieu du
tableau, qu'on a rempli de quatre sortes de couronnes ;
savoir, d'olivier, de chêne, de myrthe, et la dernière de
palmes ; et au-dessus de toutes, il y en a une cinquième,
qui est tissue de claires et luisantes étoiles, pour laquelle
est écrit : *Hanc summam meruit cœlo.* Au bas de la pierre,
on y a figuré une pleine lune environnée d'une infinité
d'étoiles, et autour, ces vers latins : *Nec celsa hic, nec
clara magis splendescit imago.* Au côté droit de l'ornement
de cette épitaphe, l'on voit la devise d'un vieux saule
qui, languissant, se sèche, ayant perdu l'eau du ruisseau

ou fleuve qui le nourrissait, disant : *Discessu languet amatæ.*

« Du côté gauche, l'on voit la devise d'une plante de chicorée fleurie, ayant, à cause de la nuit, toutes ses fleurs closes, qui ne s'ouvrent jamais par autre lumière que par celle du soleil, avec ces mots latins : *Reliquas temno, summa recessit.* — Je méprise toutes les autres lumières, puisque je ne jouis pas de la souveraine »(44).

Ce même auteur a vu, dit-il, une infinité de très-belles reliques conservées dans des châsses d'or ou d'argent, notamment « le pouce entier de saint André ; — « un morceau de la robe de N. S. Jésus-Christ ; — une « portion de la chevelure de sainte Marguerite, — et la « tête entière de sainte Erine, vierge et martyre. » Il existait aussi dans la sacristie de riches ornements, des vases sacrés d'un grand prix, et deux colliers de l'Annonciade, dont Amédée VI, *le Comte-Vert*, fit présent à l'abbaye, lorsqu'il institua *l'ordre du collier*, à Pierre-Châtel, en 1362.

De tous ces trésors religieux, la précieuse relique de sainte Erine est le seul qui ait été sauvé de la profanation en 1792, et conservé jusqu'à nos jours. La vie de cette sainte, à laquelle les riverains du lac ont une dévotion particulière, semble trouver ici sa place, et nous donnons un extrait de sa légende.

LÉGENDE DE SAINTE ÉRINE.

Après la célèbre victoire remportée par l'empereur Constantin-le-Grand contre Maxence, il avait encore à craindre un redoutable ennemi, Licinius, né dans la Dace, à qui l'empereur Galère Maximien avait donné le titre de César, et qui avait été salué empereur dans la Pannonie. Constantin se trouvant à Milan avec Licinius, ne négligea rien pour gagner son amitié, et il lui donna sa sœur Constance en mariage, l'an 313 (45).

L'empereur Licinius, qui gouvernait l'Orient, habitait à Thessalonique, capitale de la Macédoine, et il exerçait de grandes persécutions contre les chrétiens. Aussi fit-il élever dans le paganisme sa fille Pénélopée et son fils Licinius, issus de son union avec la sœur de Constantin. Appollonius, chargé d'apprendre les sciences à Pénélopée, professait en secret le christianisme, et il dévoila à son élève les saintes vérités de la religion de Jésus-Christ.

Cette jeune princesse, d'une beauté ravissante, étant un jour à la fenêtre, vit arriver du côté droit du palais, une colombe qui pénétra dans sa chambre et déposa sur la table un rameau d'olivier, après quoi elle reprit le vol. Un instant après, un corbeau arrivé du côté gauche, déposa sur cette même table une vipère morte dont le corps était tout meurtri, et disparut.

Frappée de cet événement, elle en demanda l'explication à Appollonius. Il répondit que la colombe et le rameau d'olivier annonçaient un message de Dieu pour l'appeler au séjour de la paix et de l'innocence, tandis que le corbeau et la vipère meurtrie signifiaient qu'elle aurait de cruels tourments à souffrir sur la terre.

Ayant pris la ferme résolution d'embrasser le christianisme, elle eut une vision dans laquelle un ange lui apparut; il lui confirma la prédiction d'Appollonius, et lui dit de quitter le nom de Pénélopée, pour prendre celui d'Erine, lorsqu'elle recevrait le baptême; il ajouta que Dieu l'avait destinée au martyre, mais qu'il lui donnerait la force et le courage de le supporter, et qu'elle convertirait, par son exemple, un grand nombre de personnes au christianisme. Aussitôt Pénélopée abandonna le culte des idoles, et reçut le baptême sous le nom d'Erine; elle fit la profession publique de sa foi, et ne cessa dès lors de souffrir pour l'amour de Jésus-Christ.

Les guerres de Constantin-le-Grand contre son beau-frère Licinius, qui fut tué avec son fils l'an 325, et les luttes sanglantes de Sapor II, roi des Perses, contre les Macédoniens, appartiennent à l'histoire. Sapor poursuivait les chrétiens avec toute l'ardeur de la haine. Pendant qu'il était à Thessalonique, il fit saisir Erine par ses soldats, et ordonna qu'elle fût mise à la torture, pour l'obliger à revenir au culte des faux dieux; mais cette jeune vierge s'étant

montrée inébranlable dans sa foi , il commanda aux bourreaux de la
faire mourir par les tourments les plus cruels. Sainte Erine soutint
le martyre avec héroïsme , sans montrer aucune crainte , et même
sans donner aucun signe de douleur. Lorsque les bourreaux eurent
exécuté leur féroce mission , ils furent frappés de mort subite , et
sainte Erine apparut au peuple , la tête entourée d'une auréole lumi-
neuse , et vêtue d'une tunique blanche , symboles d'innocence et de
gloire.

Quand on découvrit son tombeau , à dix milles de Thessalonique ,
le corps de cette sainte répandit dans l'air un parfum suave , et les
personnes infirmes ou malades qui allèrent prier Dieu avec dévotion
vers ce tombeau, s'en retournèrent guéries miraculeusement.

On cite beaucoup d'autres miracles dans sa légende (46).

Le corps de sainte Erine fut transporté à Patras , ancienne ville
de la Morée. Anselme, évêque de cette ville, dans le treizième siècle,
avait une dévotion particulière pour cette sainte , et conservait sa
tête dans un magnifique reliquaire , qu'il légua à l'abbaye d'Hautecombe.

Vers la fin du quinzième siècle , un voleur sacrilége s'introduisit
pendant la nuit dans l'église de l'abbaye, et enleva la châsse de sainte
Erine. Il fut arrêté à Genève, où il subit la peine de son crime. La
châsse ayant été restituée aux religieux d'Hautecombe , ils la firent
restaurer , et écrivirent sur une plaque d'or une inscription pour
conserver le souvenir de cet événement (47).

Pendant la révolution française , cette précieuse relique fut dépouillée de sa châsse et abandonnée dans la sacristie , où elle fut
recueillie par la famille Dupuy , et déposée chez une religieuse car-
mélite , qui en fit la restitution le 29 août 1826 , entre les mains de
monseigneur Bigex , archevêque de Chambéry , lorsque Charles-Félix
eut relevé l'abbaye de ses ruines. La sommaire-apprise à laquelle il
a été procédé à l'archevêché, en forme régulière , a constaté l'identité de cette relique ; elle a fait résulter que sainte Erine avait toujours été vénérée à Hautecombe comme une patronne de l'abbaye ,
et que l'on en faisait la fête solennellement, avec octave , le lundi de
la Pentecôte , au grand concours des populations environnantes (48).

Depuis près de cinq siècles , on conserve à Hautecombe la tête de
sainte Erine. S. M. le Roi Charles - Félix lui a fait faire la belle
châsse d'argent et de vermeil qu'on voit dans la sacristie. Suivant

la tradition, les bateliers du lac du Bourget qui ont eu recours à l'intercession de sainte Erine au milieu des dangers de la tempête, ont été sauvés d'une mort imminente, et l'on attribue à cette sainte une foule de guérisons miraculeuses dans la vallée. Sa fête est indiquée au 4 mai, dans la légende. Le lundi de Pentecôte, ses reliques sont exposées solennellement dans l'église d'Hautecombe.

Le ralentissement de la marche générale des esprits, qui ne se portèrent plus avec la même ardeur vers les monastères depuis le treizième siècle, et des événements que la prévoyance humaine est impuissante à conjurer, amenèrent graduellement la décadence de cette abbaye royale. Comment aurait-elle pu se soustraire aux tristes conséquences des guerres dont la Savoie fut le théâtre depuis 1536; de l'occupation étrangère qu'elle dut subir à trois reprises différentes dans moins d'un siècle (49); et de la peste, fléau terrible, qui promena neuf fois ses ravages dans le duché, de 1552 à 1639? Un autre événement nuisible à l'abbaye fut le remplacement des abbés réguliers par des abbés commendataires dispensés de la résidence, et autorisés à employer pour leur usage personnel la majeure partie des revenus de l'abbaye (50).

Cette nouvelle organisation eut en outre l'inconvénient de nécessiter une division dans les pouvoirs entre les personnes placées à la tête du monastère. Le prieur claustral, dont les fonctions temporaires appartenaient à la nomination de l'abbé général de Citeaux, eut en partage la direction et le commandement des religieux pour la discipline intérieure, tandis que la prééminence et les honneurs furent réservés à l'abbé commendataire, nommé à vie par le pape, sur la présentation du souverain; mais l'impossibilité de prévoir tous les cas fit naitre plus d'une fois des difficultés sérieuses entre le prieur et le commen-

dataire, sur les limites de leurs droits et de leurs attribu-
tions respectives, au détriment du bien et de la régularité
de l'abbaye (51).

Il résulta de la réunion de ces circonstances que l'abbaye éprouva de la gêne dans ses ressources, que les
bâtiments furent mal entretenus, que la surveillance fut
moins sévère, et que le nombre des religieux diminua
considérablement.

Dans les visites que les abbés généraux de l'ordre faisaient personnellement ou par leurs délégués, à l'abbaye
royale d'Hautecombe, ils avaient soin de régler les droits
et les obligations des abbés commendataires envers le
couvent; car leurs intérêts étaient divergents, puisque
les revenus du commendataire étaient d'autant plus considérables qu'il entretenait moins de religieux et qu'il
apportait plus d'économie dans les dépenses. De là ces
fréquentes ordonnances des abbés de Citeaux, et ces
nombreuses transactions, soit pour déterminer le mini-
mum de religieux à entretenir au couvent, soit pour
régler ce qui devait leur être fourni.

Une ordonnance rendue à Hautecombe en 1550, par
révérendissime dom Jean, abbé général de Citeaux, pres-
crivit que ce monastère serait toujours composé de vingt-
deux religieux profès, quatre novices et vingt frères
convers; elle régla en même temps les prestations dues
à chacun d'eux (52). Lors d'une autre visite faite le 25
mai 1575, *révérendissime dom Nicolas Boucherat*, abbé
général de Citeaux, imposa à l'abbé commandataire l'obli-
gation d'entretenir vingt-quatre religieux profès dans le
couvent d'Hautecombe, et quatre profès dans le prieuré
de la paroisse de Saint-Innocent, qui avait été unie à
l'abbaye par bulles pontificales du 6 mars 1445 (55).

Révérendissime dom Edme de la Croix renouvela les mêmes dispositions dans sa visite du premier septembre
1585 (54) ; mais toutes ces ordonnances furent modifiées
en partie par des conventions passées le 30 avril 1608,
entre les religieux et l'abbé commendataire dom Sylvestre
de Saluce, relativement aux prestations que les premiers
auraient droit d'exiger à l'avenir (55).

Il est certain que dès lors l'abbaye fut dépouillée,
par le malheur des temps, d'une grande portion de ses
revenus ; car le monastère fut obligé de consentir, le 2
février 1698, une nouvelle transaction avec l'abbé commendataire, dom Jean-Baptiste Marelly, par laquelle, en
fixant la somme annuelle qui serait réservée pour l'entretien des religieux, on réduisit le nombre des prébendes
à dix-sept (56).

Les patentes royales du 19 juin 1728 donnent une idée
du triste état où se trouvaient les affaires temporelles de
l'abbaye depuis longues années (57). « Voulant absolu-
« ment, dit le roi Victor-Amédée II, réintégrer notre
« abbaye royale d'Hautecombe dans tous les droits et
« revenus dont elle a été injustement dépouillée par les
« vicissitudes des temps passés, qui ont donné lieu à la
« malice des détenteurs de ses biens, et à la négligence
« de ceux qui étaient tenus de veiller à leur conserva-
« tion, nous avons jugé à propos de nommer un sénateur
« spécialement délégué pour juger les causes qui pour-
« raient intéresser l'abbaye, etc. »

Mais les titres constitutifs des droits de l'abbaye avaient
disparu pour la plupart, à mesure des aliénations faites
contre les règles canoniques ; d'ailleurs il n'existait pas
encore de cadastre régulier, et les possesseurs de mau-
vaise foi avaient de grands avantages pour se défendre

contre les poursuites du monastère , presque toujours
dénué des moyens de fournir les preuves judiciaires à
l'appui de ses actions. .

Les événements politiques portèrent un nouveau coup
à l'abbaye d'Hautecombe.

Charles-Emmanuel III ayant embrassé le parti de l'impératrice Marie-Thérèse , contre les cours d'Espagne, de
Bavière, de Prusse , de Pologne et des Deux - Siciles ,
auxquelles la France s'était alliée pour abaisser la maison
d'Autriche, une armée espagnole , commandée par l'in-
fant dom Philippe, pénétra en Savoie l'an 1742. Les troupes savoisiennes et piémontaises se défendirent vaillamment (58), et l'armée ennemie , quoique au centre de la
Savoie , fut constamment harcelée par une guerre de
tirailleurs, à laquelle les habitants prenaient part. Ce fut
un temps de bouleversements et de carnage, où l'on se
fit réciproquement le plus de mal possible.

Le monastère d'Hautecombe éprouva des dommages
considérables pendant cette malheureuse époque. Malgré
les réparations et restaurations qui avaient été faites à
l'église et aux bâtiments du monastère , par ordre du
procureur - général et du sénateur choisi par le Sénat
de Savoie, en exécution des dispositions souveraines de
Charles-Emmanuel I, sous date du 25 septembre 1598 ;
malgré les réparations qui avaient eu lieu en 1644-1645,
sous la régence de la duchesse Christine, et au commencement du dix-huitième siècle , sous le règne de Victor-
Amédée II, tous ces bâtiments se trouvaient dans un état
déplorable de dégradation, lorsque l'occupation étrangère cessa par le célèbre traité d'Aix-la-Chapelle, du 18
octobre 1748.

Déjà en 1725, plusieurs monuments étaient tombés de

15

vétusté et avaient disparu (59) ; les colonnes et les voûtes
de l'église, ainsi que les murs du monastère, construits
en mauvais matériaux, menaçaient ruine ; car le grès du
pays, appelé vulgairement *mollasse*, s'effeuille et se ré-
duit en poussière au contact de l'air et de l'humidité.

Convaincu de la nécessité de reconstruire les bâtiments
du monastère et de faire à l'église de grosses réparations
pour la consolider, le roi Charles-Emmanuel III pensa
qu'on pourrait obtenir les fonds nécessaires pour une
dépense aussi considérable, en y appliquant une partie
des revenus de la mense abbatiale, et au moyen d'une
meilleure administration des biens du monastère. Après
la mort de dom Jean-Baptiste Marelly, dernier abbé
commendataire d'Hautecombe (60), il fit solliciter auprès
du pape Benoît XIV, la suppression de la mense abbatiale d'Hautecombe, et sa réunion au décanat de la sainte
Chapelle de Chambéry ; elle lui fut accordée par bulles
pontificales du 5 avril 1752. Le roi montra tout l'intérêt
qu'il prenait à l'abbaye d'Hautecombe, dans le billet
qu'il adressa, le 6 mars suivant, au chapitre de la Sainte-
Chapelle.

« En obtenant du Saint-Siége (y est-il dit) la bulle du
« 5 avril dernier, d'union perpétuelle de notre royale
« abbaye vacante de Sainte-Marie-d'Hautecombe, au
« doyenné et chapitre de notre Sainte-Chapelle de Savoie,
« nous avons eu en vue principalement deux objets :
« l'un, de donner, par les revenus de cette abbaye, une
« augmentation aux différentes prébendes des membres
« de cette Sainte-Chapelle ; l'autre, de faciliter par votre
« administration des biens et revenus de ladite abbaye,
« dans l'église de laquelle reposent les cendres de plu-
« sieurs de nos augustes prédécesseurs, le rétablissement

« et la réédification plus prompte du monastère, et la
« liquidation de ses droits, actions et revenus, tant par
« la rénovation des fiefs que par la revendication des
« fonds et droits qui pourraient n'en avoir pas été légi-
« timement distraits et aliénés ; en conséquence, nous
« nous sommes entendu avec notre saint père le pape
« Benoît XIV, sur la manière de combiner ensemble ces
« deux objets, etc. » (61).

. Ces mêmes considérations sont formellement exprimées
dans les bulles pontificales, qui renferment les dispositions suivantes :

« Sa Sainteté supprime la mense abbatiale d'Hautecombe et incorpore les biens et revenus qui en dépen-
daient, au chapitre de la Sainte-Chapelle de Chambéry.

« Elle réunit le titre d'abbé commendataire d'Hautecombe à la dignité de doyen de la Sainte-Chapelle, avec
les honneurs, prérogatives, prééminences, et tous les
droits spirituels et temporels qui compétaient aux précédents abbés commendataires.

« Elle ordonne que le chapitre devra remplir toutes les
charges auxquelles l'abbé commendataire était tenu, et
notamment de payer, pour l'entretien de quatorze religieux profès dans le monastère, la somme fixée par la
transaction intervenue le 2 février 1698, entre les religieux et l'abbé commendataire dom J.-B. Marelly.

« Enfin, elle réserve au Roi, pour la nomination du
doyen de la Sainte-Chapelle, le droit de patronage, dont
sa majesté et ses augustes prédécesseurs jouissaient
pour la nomination de l'abbé commendataire d'Hautecombe. » (62).

Cette réunion n'apporta aucun changement dans le
gouvernement intérieur du monastère d'Hautecombe. Le

prieur claustral continua, comme auparavant, à recevoir
sa nomination de l'abbé général de Clairvaux, nomination qu'il avait soin de présenter à l'enregistrement du
Sénat (65).

Le chapitre de la Sainte-Chapelle de Chambéry, fondé
par bulles pontificales du 21 avril 1467, et dont le doyen
avait le droit de porter la croix pectorale, l'anneau et
la mitre (64), fut supprimé lorsque sa sainteté le pape
Pie VI érigea un évêché à Chambéry, par bulles du 15
août 1778. Le pape accorda dans ces bulles, aux évêques
qui seraient nommés pour régir le diocèse, tous les honneurs et prérogatives attachés aux titres de doyen de la
Sainte-Chapelle et d'abbé d'Hautecombe (65), et lorsque
monseigneur Michel Conseil fut promu à l'évêché de
Chambéry, par bulles du 20 mars 1779, il prit, dans
le Mandement qu'il publia en 1780, pour sa prise de
possession, les titres de *doyen de la Sainte-Chapelle et
abbé d'Hautecombe* (66).

Les efforts des nouveaux administrateurs du monastère
d'Hautecombe et l'aliénation d'une partie des biens de
l'abbaye, n'avaient pu procurer la somme nécessaire
pour achever les travaux de réparation et de reconstruc-
tion de l'église et du couvent; mais le roi Victor-Amédée III, qui avait à cœur de les faire terminer, appliqua
en outre à cette dépense les revenus des commanderies
de l'ordre des saints Maurice et Lazare en Savoie.

Dans ces travaux, les colonnes gothiques de la nef
centrale, qui étaient en mollasse, furent renforcées et
recouvertes par des pilastres carrés en maçonnerie; la
voûte, qu'il était indispensable de refaire, fut baissée
de quatre mètres par un motif d'économie, et mise à la
hauteur de dix mètres et quarante centimètres; enfin le

cloître et les bâtiments du couvent, qui étaient comme l'église, de style gothique, furent reconstruits dans la forme moderne qu'ils ont aujourd'hui, et achevés seulement en 1788. L'abbaye royale d'Hautecombe avait repris une splendeur nouvelle, lorsqu'elle reçut des événements politiques un contre-coup bien plus funeste que tous ceux dont nous avons fait mention.

DESTRUCTION.

La révolution française de 1789 ne porta d'abord aucune atteinte au territoire des puissances voisines de la France ; mais après la catastrophe du 10 août 1792, la convention nationale décréta l'abolition de la royauté, proclama la république, et envoya des troupes aux frontières. Une division des armées républicaines, commandée par le général Montesquiou, envahit la Savoie le 22 septembre 1792. Dès lors, les lois démocratiques publiées à Paris furent déclarées exécutoires pour ce duché, qui fut incorporé à la France, et qui dut subir toutes les phases de ses bouleversements. Toutefois, leurs déplorables effets furent atténués, en Savoie, par le bon esprit de ses habitants, chez qui le flambeau de la religion ne s'éteignit jamais, et où l'auguste maison royale qui nous gouverne, continua toujours à trouver des preuves d'une vive affection et du dévouement le plus désintéressé.

L'un des premiers actes du gouvernement républicain

en Savoie, fut de s'emparer des biens du clergé. Un décret
du 26 octobre 1792, déclara propriété nationale *les biens
du clergé de Savoie, tant séculier que régulier* (67). En exécution de ce décret, deux officiers municipaux se rendirent à Hautecombe le 4 novembre suivant, pour dresser
l'inventaire des immeubles et du mobilier de l'abbaye.
Successivement, les moines furent chassés de leur paisible
retraite, et obligés de fuir ou de se cacher pour échapper
aux rigueurs des lois révolutionnaires. Enfin, les commissaires du gouvernement, après avoir saisi tout le
mobilier de l'abbaye, vendirent aux enchères publiques,
en 1796, l'église, le monastère et tous les biens qui l'en-
touraient, compris dans la catégorie des domaines nationaux, d'après les lois du temps (68). Pendant cette époque
d'anarchie, les commissaires républicains descendirent
dans les caveaux de l'église et firent ouvrir les tombes,
pour prendre les objets précieux qui pouvaient s'y trouver, notamment la couronne ducale, qui était dans le
caveau de la chapelle des princes, sur le tombeau du duc
Philibert. Les hommes égarés qui s'étaient rendus coupables de sacrilége en s'emparant des vases sacrés et en
profanant les églises, pouvaient-ils être arrêtés par le
respect qu'on doit à la cendre des morts? Mais comme la
cupidité était leur seul mobile, ils laissèrent en place les
ossements des princes (69).

Tristes effets des vicissitudes humaines! cette dernière
demeure des souverains, ces lieux sanctifiés par les
prières des cénobites, et qui avaient été embellis pendant
plusieurs siècles par la munificence de nos princes et leur
goût pour les arts; ces lieux, disons-nous, étaient occu-
pés, quelques années après, par une fabrique de faïence,
et l'encens qui s'élevait aux voûtes de l'église, dans les

fêtes solennelles, était remplacé par la noire fumée des fourneaux (70).

Quelles sombres réflexions se présentent en foule à l'esprit, en songeant à la destruction d'un monument aussi célèbre, à l'anéantissement des anciens manuscrits conservés dans la riche bibliothèque du couvent, dont plusieurs remontaient aux premiers temps de la fondation de l'abbaye ; perte immense, perte irréparable pour les arts, la littérature et l'histoire !...

Cette fabrique de faïence n'eut pas de succès. Le propriétaire n'ayant pas les moyens d'entretenir les bâtiments, une partie finit par s'écrouler ; les décombres couvrirent les caveaux qui renfermaient les cercueils, et ces vastes édifices n'offrirent plus que l'aspect d'une ruine, toujours majestueuse par ses souvenirs.

RESTAURATION.

La paix générale arrêtée entre les puissances européennes, par les traités politiques de 1815, rendit à la Savoie sa nationalité, en rétablissant ce duché avec ses anciennes limites, sous le sceptre paternel de l'auguste maison de Savoie, dont le trône était occupé alors par le roi Victor-Emmanuel. Sa majesté avait déjà récupéré quatre provinces de la Savoie, par le traité de Paris du 30 mai 1814. Victor-Emmanuel, par un acte d'abdication du 15 mars 1821, confirmé le 19 avril suivant, laissa la cou-

ronne à son frère Charles-Félix, duc de Genevois, marié
à S. A. R. Marie-Christine de Bourbon, de Naples (71).

Le roi Charles-Félix, avant son élévation au trône,
avait souvent gémi en songeant aux dépouilles mortelles
de ses ancêtres, abandonnées sous les ruines d'Hautecombe et privées des honneurs religieux, lorsqu'il vint,
en 1824, visiter en souverain le berceau de son illustre
famille. Il était accompagné par S. M. Marie-Christine,
son épouse, et S. A. R. la duchesse de Chablais, sa sœur.
Les augustes voyageurs arrivèrent à Chambéry le 22
juillet, et ils furent partout accueillis sur leur passage
par des transports de joie et d'amour. Le 29 juillet, ils
se rendirent à Aix, et dirigèrent, dans l'après-midi, leur
promenade au bord du lac, vers le port de Puer, où ils
descendirent de voiture (72). Le Roi, portant ses regards
sur la rive opposée du lac, contempla long-temps avec
tristesse le dernier azile de ses aïeux, qui avait été pro-
fané et détruit par les orages de la révolution. Son âme
oppressée par de douloureux souvenirs, méditait un
grand acte de piété filiale, et la vertueuse compagne du
Roi, ainsi que sa sœur bien-aimée, habituées à deviner
ses impressions, gardaient un religieux silence.

Leurs majestés revinrent le soir à Chambéry, et le Roi,
impatient de mettre à exécution le projet qu'il avait
formé, fit venir auprès de lui, le lendemain matin, le
général marquis d'Oncieux de la Bâthie, auquel il portait
une grande affection ; il lui ouvrit son cœur, et en lui
faisant connaitre ses pensées les plus intimes, il le chargea d'aviser aux moyens de réaliser ses intentions. La
confiance du Roi ne pouvait être mieux placée qu'en cet
illustre personnage (73), qui, dès le même jour, parvint
à s'entendre avec le propriétaire, pour l'acquisition de

toutes les terres d'Hautecombe. La rédaction du contrat
fut confiée à des jurisconsultes choisis par sa majesté (74),
et le 28 août suivant, un acte notarié fit savoir que le roi
Charles-Félix, représenté par le chevalier Thomas Ferrero
de la Marmora , chevalier d'honneur de la Reine , avait
acquis, pour son patrimoine particulier, toutes les terres
qui composaient l'ancienne abbaye d'Hautecombe (75).

Le Roi , doué d'une grande droiture d'esprit, voulut
faire l'acquisition d'Hautecombe et relever cette abbaye
avec les fonds de sa caisse particulière , et non avec les
deniers du trésor public, afin que les travaux ne pussent
être exposés à des interruptions par les besoins de l'administration générale du royaume, et que les revenus
de l'état ne fussent pas détournés de leur destination. Il
considérait ce témoignage de vénération aux mânes de ses
aïeux comme le respectueux souvenir d'un simple particulier pour la mémoire de ses pères , et non comme un
acte d'autorité royale.

Son âme noble et grande , étrangère à la vanité, ne
pensa point à construire un monument fastueux , mais
seulement à rétablir l'église et le monastère sur les mêmes fondations, dans le même style et la même forme
qu'ils avaient autrefois, et à sauver de la profanation les
dépouilles mortelles de ses ancêtres. Il attachait un religieux intérêt à faire reconstruire l'église dans son état
primitif, à l'aide des auteurs qui en ont parlé et des ornements découverts dans les fouilles. Il en parlait souvent
avec les personnes qu'il honorait d'une confiance intime,
et particulièrement avec le comte Philibert de Collobiano;
il donnait ses instructions par écrit ou verbalement au
chevalier Mélano , qu'il avait désigné lui - même pour
dresser les plans et diriger les travaux , et dont il appré-

16

ciait avec raison le mérite distingué. Cet habile architecte s'est tiré avec autant de talent que de bonheur de cette difficile entreprise.

Aussitôt après l'acquisition d'Hautecombe, le Roi donna ses dispositions pour qu'une messe expiatoire fût célébrée chaque jour sur un autel qui était resté debout dans la partie de l'église la plus rapprochée de la sacristie.

Au mois de janvier 1825, le marquis Paul d'Oncieux de Chaffardon, gentilhomme de la chambre du Roi, reçut de sa majesté la mission particulière de faire pratiquer des fouilles, de concert avec le chevalier Mélano, dans l'emplacement occupé par l'église ; elles amenèrent la découverte des anciens caveaux et des squelettes des princes de la maison de Savoie qu'on y avait inhumés ; les ossements trouvés dans chaque caveau furent placés séparément dans huit caisses scellées et numérotées (76).

En exécution d'un billet royal du 11 février même année, Mgr l'archevêque de Chambéry fit procéder, le 26 mai suivant, à une sommaire-apprise pour s'assurer si ces ossements étaient ceux des princes de la maison de Savoie inhumés à Hautecombe. Les dépositions assermentées des témoins, le rapport du docteur Rey, les débris d'inscriptions trouvés dans les caveaux, tous concordant avec les documents fournis par l'histoire, ne purent laisser aucun doute sur leur identité. Le 31 mai, Mgr l'archevêque se rendit à Hautecombe, et après avoir célébré une messe pontificale, en présence du gouverneur général du duché, du premier président du Sénat et des autres principaux fonctionnaires résidant à Chambéry, il déclara solennellement que l'identité des précieuses dépouilles des princes et princesses de la maison royale de Savoie était dûment et authentiquement constatée. Mon-

seigneur fit transférer les ossements contenus dans les
caisses, dans huit cercueils revêtus à l'intérieur de lames
de plomb, et au dehors de velours cramoisi orné d'une
croix blanche, et numérotés dans le même ordre que les
caisses. Les cercueils furent clos, scellés du sceau archié-
piscopal en cire rouge, et entreposés dans une armoire
de la sacristie, également fermée et scellée (77).

On découvrit plus tard le caveau de Louis II, baron de
Vaud, dans le chœur, et les ossements furent placés dans
un cercueil semblable aux précédents, qui reçut le numéro 9 (78). La tête de la comtesse Béatrix de Provence,
qui était déposée dans l'église paroissiale des Echelles,
ayant été apportée à Hautecombe le 2 août 1826, par le
curé de cette paroisse, fut placée également dans un petit
cercueil, sur lequel on inscrivit le numéro 10 (79).

Leurs majestés Charles-Félix et Marie-Christine firent
un second voyage en Savoie pendant l'été de 1826. Les
travaux ordonnés par le Roi avaient été conduits avec une
si grande activité, que l'église était déjà prête à être
rendue au culte. Elle fut consacrée le 5 août, selon le
rit romain, par Mgr l'archevêque de Chambéry, sous le
vocable *de la très-sainte Vierge Marie*. La chapelle dédiée
à saint Félix fut aussi consacrée le même jour. Leurs
majestés, entourées d'une cour nombreuse, assistèrent à
ces augustes cérémonies (80).

Le jour suivant, 6 août, les cercueils entreposés dans
la sacristie furent solennellement transférés par Mgr l'archevêque, dans les tombeaux qui leur étaient destinés,
en présence de plusieurs chevaliers de l'ordre suprême
de l'Annonciade, des capitaines des gardes-du-corps de
S. M., de toute la cour, et des autres personnages de
distinction invités par le Roi. Les nobles assistants com-

mencèrent à se rendre dans la sacristie , où Mgr l'archevêque reçut des mains du comte de Collobiano , de la
part du Roi , la clef des armoires où étaient entreposés
les cercueils. Après la lecture des procès - verbaux , le
cortége sortit processionnellement par la porte du cloître,
fit le tour de l'église , et y rentra par la porte de la chapelle de Belley. Les cercueils étaient portés par des hommes vêtus de blanc , escortés des gardes - du - corps de
S. M. Chaque cercueil fut déposé dans le tombeau qui lui
était destiné , aux mêmes lieux où les dépouilles mortelles des princes avaient été découvertes. Monseigneur fit
l'absoute solennelle devant chacun des tombeaux , qui
furent immédiatement fermés par les pierres qui devaient
les recouvrir.

Voici la disposition des cercueils :

Le cercueil n° 1 fut placé dans le tombeau d'Humbert III;
— les cercueils n°ˢ 2 , 3 et 6 , dans le caveau de la chapelle des princes ; — le cercueil n° 4 et celui sous n° 10 ,
dans le tombeau du bienheureux Boniface ; — le cercueil
n° 3 , dans le caveau situé au-dessous du dôme , près de
la balustrade qui sépare le sanctuaire du reste de l'église;
— le cercueil n° 7 , dans le caveau de la chapelle de saint
Félix ; — le cercueil n° 8 , dans le tombeau de Louis I ,
baron de Vaud ; — et le cercueil n° 9 , dans le caveau
situé dans le chœur , près de ce dernier tombeau.

Leurs majestés virent, des fenêtres de l'abbaye, défiler
la procession qui faisait le tour de l'église , et se rendirent
ensuite dans la tribune , d'où elles assistèrent à ces cérémonies religieuses (81).

Le lendemain de ce jour , si digne d'un éternel souvenir , Mgr l'archevêque célébra , pour le repos des princes
et princesses de la maison de Savoie ensevelis à Haute-

combe, une messe solennelle de *requiem*, en présence de leurs majestés et d'une cour nombreuse. Ensuite le Roi, avec l'intervention de son auguste et vertueuse épouse, et en présence de son cortége, remit l'abbaye entre les mains de *dom Léandre Siffredi*, *abbé de la Consolata de Turin*, *et procureur-général de l'ordre de saint Bernard*, *près S. M.* La nouvelle fondation de l'abbaye est contenue dans une charte datée de la veille (6 août 1826). Charles-Félix y déclare qu'il rappelle dans le couvent d'Hautecombe des moines du même ordre que ceux qui y furent établis par Amédée III ; il leur donne toutes les terres qu'il avait acquises par l'acte notarié du 28 août 1824, et y joint un revenu de dix mille livres. Il prescrit que le monastère entretiendra toujours douze religieux, dont huit au moins doivent être prêtres, et leur impose plusieurs charges, dont la majeure partie concernent l'acquittement des anciennes fondations. On remarque parmi les nouvelles charges qu'il a imposées aux religieux, celle d'aller au secours des personnes qui courraient quelque danger sur le lac du Bourget ; il laisse à leur piété le soin de faire des aumônes suivant leurs moyens, et les charge de subvenir avec sollicitude aux besoins spirituels des populations voisines. Il se réserve, en dernier lieu, le droit de nomination et présentation de l'abbé titulaire d'Hautecombe, auquel sont attribués les mêmes honneurs et prérogatives dont ses prédécesseurs ont joui (82).

Le même jour, sa majesté fit don aux religieux de l'ordre de Cîteaux, qu'elle avait rappelés à Hautecombe, d'une quantité considérable de vases sacrés et d'ornements pontificaux d'une grande richesse.

A dater de cette époque mémorable (7 août 1826) les

prières des prêtres et du peuple se sont de nouveau élevées de l'église d'Hautecombe au trône de la miséricorde divine, et le dernier asile d'une longue suite de princes de la maison de Savoie a reçu chaque jour les honneurs de notre sublime religion, avec ses chants sacrés et ses pompes majestueuses.

Il restait encore beaucoup de travaux à faire pour décorer l'intérieur de l'église : Charles-Félix s'occupait de tous ces détails avec un vif intérêt ; il s'était fait construire un appartement dans le monastère, et il venait se reposer dans cette solitude des soucis du trône, chaque fois qu'il faisait en Savoie sa résidence d'été ; il aimait à se rendre mystérieusement le soir dans cette église, et à se livrer pendant des heures entières à la prière ou à la méditation sur les tombes de ses aïeux.

Le Roi Victor-Emmanuel avait eu aussi la pensée de relever l'abbaye d'Hautecombe de ses ruines ; mais des circonstances particulières, et le court intervalle qui s'était écoulé depuis qu'il avait pris possession de la Savoie jusqu'à son abdication, ne lui avaient pas permis de réaliser ses projets.

Charles-Félix, cinquième fils du Roi Victor-Amédée III, avait été placé sur le trône contre ses prévisions et contre la simplicité de ses goûts, par la mort ou l'abdication de ses quatre frères aînés, qui n'avaient pas de postérité mâle. Il n'avait accepté la couronne que par le sentiment du devoir. La noble détermination du Roi Victor-Emmanuel, qui préféra abdiquer plutôt que de manquer à ses engagements politiques, la lutte touchante de Charles-Félix pour obliger son frère à reprendre la couronne après que l'orage eut cessé de gronder, montrent chez ces deux monarques une probité, un désintéressement, une haute philosophie, une grandeur d'âme dont l'histoire offre bien peu d'exemples.

Le Roi Charles-Félix était à Hautecombe, avec sa cour, au mois de juillet 1830. On assure qu'il avait formé le projet d'y fixer sa résidence et de rentrer dans la vie privée. Connaissant les précieuses qualités du prince héréditaire Charles-Albert de Savoie-Carignan, il avait une pleine sécurité sur le bonheur de l'état, en lui remettant la couronne et les rênes du gouvernement; mais la nouvelle des événements de juillet, qui semblaient menacer l'Europe d'un embrâsement général, vint entraver ses intentions. Il avait trop d'âme et de courage pour quitter le trône dans un moment périlleux, et il résolut de différer jusqu'à des temps plus calmes. Il continua son séjour à Hautecombe, sans s'émouvoir et sans augmenter le nombre de ses gardes. Il prit de là ses mesures pour la défense du royaume, donna ses dispositions au prince héréditaire, et se concerta avec les autres souverains sur la ligne à garder dans ces circonstances difficiles.

Leurs majestés revinrent à Chambéry dans l'après-midi du 10 août, et parcoururent la ville sans gardes. Il serait impossible de rendre par des expressions l'enthousiasme extraordinaire qui éclata sur leur passage; chacun éprouvait le besoin de témoigner son dévouement à l'auguste maison de Savoie, et de montrer sa gratitude pour une marque de confiance aussi honorable pour le souverain que pour le peuple fidèle qui en était l'objet. Jusqu'au départ de leurs majestés pour Turin, la population se porta chaque jour sous les fenêtres du château royal, et donna les plus vives manifestations d'amour et de respect.

Le commencement de l'année 1831 fut marqué par un

heureux événement. Le 27 février, Charles-Félix maria
sa nièce l'auguste et belle princesse *Marie-Anne*, fille du
Roi Victor-Emmanuel, avec S. A. I. et R. l'archiduc
Ferdinand, prince héréditaire de l'empire d'Autriche.
Après les fêtes magnifiques qui furent célèbrée à cette
occasion, le Roi revint à Turin. Hélas! ces temps de
réjouissance furent promptement suivis par des jours de
larmes et de deuil. S. M. Charles-Félix tomba dangereu-
sement malade, et mourut le 27 avril suivant, à deux
heures trois quarts après midi, dans son palais; il avait
fait son testament le 5 mars 1825, qui contenait sur sa
sépulture les dispositions suivantes :

« Je laisse mon corps à la terre, d'où il est sorti, et je
« veux expressément qu'il ne soit ni ouvert ni embaumé ;
« il sera habillé du manteau de l'ordre des saints Maurice
« et Lazare, et enfermé dans un cercueil de plomb. On
« ne m'ôtera point la bague que je porte au quatrième
« doigt de la main gauche : je veux qu'elle soit ensevelie
« avec moi.

« Comme je n'ai accepté la royauté que pour obéir à
« la volonté de Dieu, je désire que mes obsèques et con-
« voi funèbre se fassent avec le moins de pompe possible.
« Après les suffrages ordinaires pour le repos de mon
« âme, je veux que mon corps soit porté à l'abbaye
« d'Hautecombe en Savoie, située au bord du lac du
« Bourget. Ayant été destiné par la divine Providence à
« relever de ses ruines cette église, et à y replacer les
« cendres de mes ancêtres dans leurs tombeaux, je choisis
« ce saint lieu pour celui de ma sépulture, et mon corps
« y sera enterré dans la chapelle dite des princes, avec
« la simple épitaphe qu'on trouvera écrite de ma propre
« main, que je ferai remettre aux religieux de cette

« abbaye, et au cas que ladite chapelle et l'église ne
« soient pas encore achevées au moment de mon décès,
« mon corps sera déposé dans la Sainte-Chapelle de
« Chambéry, en attendant qu'il puisse y être transporté. »

Quelque temps avant sa dernière heure, le Roi Charles-
Félix, guidé par un sentiment d'humilité chrétienne,
exprima le désir d'être enseveli, non plus dans la chapelle des princes, mais dans la chapelle de Belley, près
de l'entrée de l'église, au lieu où l'on voit son tombeau.

On exécuta ponctuellement les dernières volontés de
cet illustre monarque. Son corps, après avoir été exposé
pendant deux jours au peuple, dans une chapelle arden-
te, fut solennellement transporté à Hautecombe.

Le cortége funèbre se mit en marche le 2 mai, et fut
accompagné avec le cérémonial accoutumé, depuis le
Palais-Madame jusqu'à la porte Suzine de Turin, par
Mgr d'Angennes, évêque d'Alexandrie, délégué par Mgr
l'archevêque de Turin, qui était malade, par les évêques
de Saluce, de Pignerol, d'Ivrée, de Fossano, par les hauts
fonctionnaires, les personnes attachées à la cour, et une
suite nombreuse et recueillie. Le cercueil fut ensuite placé
sur un char de voyage destiné à le transporter jusqu'au
port de Puer. Le cortége qui devait l'accompagner était
dirigé par le comte Capré de Mégève, capitaine en second
des gardes-du-corps de S. M. Il arriva le soir du 2 mai à
Saint-Ambroise, le 3 à Suze, le 4 à Lanslebourg, le 5 à
Modane, le 6 à St-Jean-de-Maurienne, le 7 à Aiguebelle,
le 8 à Montmélian, et le 9, à dix heures trois quarts du
matin, à Chambéry, où il fut reçu avec les plus grands
honneurs.

Il était attendu à l'entrée du faubourg Montmélian,
d'un côté par l'archevêque de Chambéry, par les évêques

d'Annecy, de Maurienne, de Tarentaise, par le chapitre métropolitain et le clergé ; de l'autre côté, à la tête des officiers et de la noblesse, se trouvait le marquis d'Oncieux de la Bâthie, lieutenant-général, gouverneur du duché de Savoie, chevalier de l'ordre suprême de l'Annonciade, à qui S. M. Charles-Albert, par billet royal du 2 mai, avait délégué les pouvoirs les plus étendus pour donner les dispositions convenables, assister à l'inhumation de l'auguste défunt à Hautecombe, remplir les fonctions de notaire de la couronne, et trancher toutes les difficultés qui pourraient se présenter. La compagnie des nobles chevaliers-tireurs, le corps des pompiers et de la garde urbaine, et toute la garnison, étaient sous les armes. D'abondantes aumônes étaient distribuées aux pauvres. L'air retentissait du son des cloches et du canon.

La population vit passer avec tristesse et recueillement ce funèbre cortége, qui se rendait à l'église métropolitaine. Les cœurs étaient émus et les yeux pleins de larmes.

Le 10 mai le cortége, suivi d'une foule toujours croissante, arriva à Hautecombe à trois heures après midi. Le comte de Collobiano, l'un des exécuteurs testamentaires de Charles-Félix, fit prévenir l'abbé Comino, supérieur d'Hautecombe, de lui remettre le pli cacheté que le Roi avait déposé dans les archives du monastère, le 6 septembre 1826, entre les mains de l'abbé Siffredi. Ce pli fut ouvert en présence du marquis d'Oncieux, du chevalier Pozzi, secrétaire d'état au ministère des affaires étrangères, et de plusieurs autres assistants ; il contenait, écrite de la main du Roi, l'inscription qui est tracée sur sa tombe (85).

Le lendemain, on célébra une messe pontificale, à laquelle assistaient l'archevêque de Chambéry, les évê-

ques de Maurienne, d'Annecy, de Tarentaise, de Belley,
et tout le cortége. L'éloquent chanoine Vibert (aujour-
d'hui évêque de Maurienne) prononça l'oraison funèbre
de l'auguste défunt. Après les absoutes, le cercueil fut
déposé dans le caveau qui lui était destiné. Le procès-
verbal de dépôt fut signé par les nobles assistants.

Depuis Turin jusqu'au port de Puer, les prêtres, les
corporations et les habitants des paroisses traversées par
la grande route, ont toujours accompagné procession-
lement le cortége pendant son trajet sur leur territoire.
A son arrivée dans le lieu où il devait séjourner, le cercueil était déposé dans l'église, et le lendemain matin le
cortége se remettait en marche après la messe des morts.
Le concours de la population fut toujours nombreux, les
prières autour du cercueil ne discontinuèrent jamais,
ni le jour ni la nuit (84).

Charles-Félix fut pleuré par ses sujets comme un père ;
jamais on ne perdra le souvenir de ce Roi si bon, si
bienfaisant, si pieux, si populaire, de ce Roi protecteur
éclairé des sciences, des beaux-arts, de l'agriculture, de
l'industrie et de toutes les institutions utiles. La Savoie
est fière de posséder ses dépouilles mortelles.

S. M. la Reine Marie-Christine, son auguste veuve,
donna, aussitôt après ce triste événement, des dispositions pour faire terminer tous les travaux commencés
dans ces lieux chers à ses souvenirs. Ils avaient été un
objet de prédilection pour son époux bien-aimé, et ils
renfermaient ses précieux restes.

Sa sainteté le souverain pontife Grégoire XVI, et son
vénérable secrétaire d'état, S. Em. Mgr le cardinal Lam-
bruschini, ont donné des preuves éclatantes de leur sollicitude pour cette abbaye royale, en la plaçant sous la

juridiction immédiate de Mgr l'archevêque de Chambéry
et de ses successeurs , sur la demande du Roi Charles-
Félix et de la Reine Marie - Christine (85) , et en décer-
nant, sur la demande de sa majesté Charles - Albert , les
honneurs du culte public au bienheureux Humbert III
et à Boniface de Savoie , ensevelis dans l'église du monastère (86).

Sa majesté le Roi Charles - Albert , notre auguste et
bien-aimé souverain , à l'exemple de ses aïeux , a exercé
aussi des libéralités envers cette royale abbaye (87). En
1839 , il y a conduit en pélerinage S. A. R. le prince
héréditaire Mgr le duc de Savoie , qui marche sur les
traces glorieuses de l'illustre auteur de ses jours (88).

Tous les travaux étaient terminés au mois de juillet
1843 , lorsque S. M. la Reine Marie-Christine , cette vertueuse Reine , dont chaque jour est marqué par des actes
de la plus rare bonté et de la plus inépuisable bienfaisance , est venue faire un séjour à Hautecombe.

Voulant inaugurer par un acte solennel l'achèvement
des travaux , elle a réuni à Hautecombe , le 24 juillet
1843, jour de sa fête patronale , plusieurs prélats , S. Exc.
le marquis d'Oncieux , S. Exc. le marquis de la Planargia,
gouverneur-général du duché , les écuyers du Roi Charles-Félix , les personnes attachées à sa cour et plusieurs
hauts fonctionnaires. Elle a distribué à chacun d'eux la
médaille qu'elle avait fait frapper pour cette circonstance,
et qui représente : d'un côté la façade orientale de l'église,
avec l'exergue *Hic jacet Carolus Felix* , *rex optimus ;* et
de l'autre son portrait , avec l'exergue *M. Christina Bor-*
bonia aug. templum Altæcumbæ perfecit.

Dans sa munificence vraiment royale , et secondée par
le goût exquis de son chevalier d'honneur , S. Exc. le

comte Philibert de Collobiano, elle a fait dans l'église et le monastère des dépenses tellement considérables, qu'elles excèdent de beaucoup celles qui avaient été faites par son auguste époux. On lui doit l'achèvement des monuments élevés aux princes de la maison de Savoie, d'une grande partie des travaux intérieurs de l'église, de la chapelle de saint André et de la tour du phare. Elle a fait élever la magnifique façade occidentale de l'église, les autels de sainte Marie-des-Anges, des bienheureux Humbert et Boniface, la statue de Charles-Félix et le pavillon oriental du monastère.

Honneur à cette auguste Reine! honneur à S. Exc. le comte de Collobiano! exécuteur testamentaire du Roi Charles-Félix, et digne ministre des volontés de S. M. Marie-Christine; la chrétienté leur est redevable d'un des plus beaux monuments religieux.

Ayant eu l'honneur d'être chargé depuis 1828, par S. M. Charles-Félix et ensuite par S. M. Marie-Christine, de veiller à la conservation des biens temporels de cette royale abbaye, l'auteur de cette Notice a mis les plus grands soins à recueillir et à présenter, avec une scrupuleuse exactitude, tous les documents qui concernent cet antique monastère; il s'estimera heureux si ce modeste travail est accueilli avec bienveillance (89).

NOTES ET PREUVES. *

(1) Histoire généalogique de la Maison de Savoie, par Guichenon, vol. I, chap. VII, page 228. — Vie d'Amédée III.

(2) Voyez la Note historique et chronologique que nous avons placée à la fin du chapitre deuxième, page 76.

(3) Voyez l'intéressant Mémoire sur l'Abbaye d'Aulps, publié par M. Léon Ménabréa, dans le onzième volume des Mémoires de la Société royale académique de Savoie, page 219, — et les Mémoires pour servir à l'Histoire ecclésiastique de Savoie, par Besson, pages 98 et 349.

(4) *Combe*, vieux mot français qui signifiait : *vallée entre deux montagnes.* (Dict. de Trévoux.)

(5) Monumenta historiæ patriæ, edita jussu regis Caroli Alberti, scriptorum. Vol. I, pag. 127.

(6) Le texte de cette charte, tirée du Cartulaire de l'abbaye, a été conservé par Guichenon. *Preuves*, vol. III, page 31.

(7) Lettres de saint Bernard, 28 et 142.

(8) Mauriquez, Ann. 1135, chap. X. — Jongelinus, Notitia abbatiarum in diœcesi Tarracinensi.

(9) Vie des Pères, des Martyrs et des autres principaux Saints, ouvrage traduit de l'anglais par Godescard. (Vie de saint Robert, vol. III, page 617).

(10) Besson, déjà cité, page 128. — Dictionnaire historique, littéraire et statistique des départements du Mont-Blanc et du Léman, par Grillet, vol. II, page 322.

(11) Besson, page 129.

(12) Guichenon, vol. I, chap. VIII. (Vie de Humbert III.) — Vie des bienheureux Humbert et Boniface de Savoie, édition de 1839, page 29.

(13) Grillet, vol. II, page 320.

---

* L'auteur exprime sa vive reconnaissance à S. G. Mgr Billiet, archevêque de Chambéry, à S. Exc. M. le marquis d'Oncieux de la Bâthie, et aux autres personnes qui ont eu l'extrême obligeance de lui communiquer les documents originaux qu'elles possèdent sur l'abbaye royale d'Hautecombe.

(14) Vertus merveilleuses des Bains d'Aix en Savoie, par le docteur Jean-Baptiste Cabias ; Lyon, 1523. Réimprimé à Annecy en 1702, page 16 de cette dernière édition.

(15) Besson, pages 129, 361.

(16) Mauriquez.

(17) Répertoire manuscrit des édits, bulles, patentes, et actes du Sénat de Savoie (dans ses archives), de 1550 à 1553, pages 11 et suivantes.

(18) Besson, page 130.

(19) Besson, page 130. — Notice historique et descriptive sur l'Abbaye royale d'Hautecombe, par M. le chanoine Vibert, imprimée à Chambéry en 1826, page 11. — Notice sur Hautecombe, par M. J.-L. Cot, page 29.

(20) Besson, page 130.

(21) Répertoire du Sénat de Savoie, vol. de 1572, fol. 182 ; vol. de 1589 à 1596, fol. 44 et 66.

(22) Même répertoire, fol. 66. — Grillet et quelques autres auteurs d'après lui, ont avancé que Charles-Emmanuel I, en accordant à l'évêque del Bene la dignité de sénateur au Sénat de Savoie, avait étendu cette faveur à perpétuité aux abbés d'Hautecombe ses successeurs. C'est une erreur : les patentes citées ne contiennent rien de semblable, et les abbés d'Hautecombe qui ont joui après lui de la même dignité, l'ont obtenue personnellement, par des patentes du souverain. — Celles qui sont relatives à dom Sylvestre de Saluce portent la date du 26 mars 1606. Celles qui concernent dom Adrien de Saluce sont du 22 mars 1631, et celles qui ont été accordées à dom Jean-Baptiste Marelly sont du mois de novembre 1688. — (Répert. du Sénat, de 1605 à 1611, fol. 2. — Répert. de 1631 à 1634, fol. 137. — Répert. de 1687 à 1691, fol. 83).

(23) Provision de l'abbé général de l'ordre de Citeaux, du 1er janvier 1736. — Registres ecclésiastiques du Sénat, vol. 14, pag. 66.

(24) Besson, page 129. — Grillet, vol. II, page 325.

(25) Besson, page 129. — Guichenon, vol. I, page 247.

(26) Besson, page 129. — Mauriquez.

(27) Besson, page 129. — Guichenon, vol. I, pag. 263-286.

(28) Besson, page 129.

(29) Besson, page 130.

(30) Besson, page 130.

(31) Besson, page 130. — Voyez dans le chapitre deuxième qui précède, page 35. — Dom Antoine de Savoie fut mis en possession de l'abbaye d'Hautecombe en 1652 ; il n'eut pas le titre de sénateur au Sénat de Savoie, mais celui de conseiller d'état. Il avait des pouvoirs plus étendus sur l'abbaye que les abbés commendataires ses prédécesseurs. (Répert. du Sénat, de 1652, pages 24, 153, 189.)

Voici la série des abbés réguliers et commendataires d'Hautecombe, par Besson, que nous avons complétée d'après Mauriquez, la chronique d'Hautecombe et les registres ecclésiastiques du Sénat.

ABBÉS RÉGULIERS.

1125. — Saint Amédée d'Hauterive.

1144. — Saint Vivian.

1155. — Rodolphe.

1161. — Henri, qui devint cardinal-évêque d'Albano.
1180. — Godefroi, disciple d'Abeillard.
1201. — Pierre.
1212. — Guy.
1229. — Rodolphe.
1230. — Humbert.
1232. — Robert.
1239. — Buchard.
1263. — Lambert.
1308. — Conrad, mort à Paris en 1313, abbé de Clairvaux.
1315. — Etienne de Verdet.
1327. — Jacques.
1349. — Humbert de Seyssel.
1374. — X......
1406. — Jean de Rochefort.
1412. — Jacques de Moiria, abbé de Saint-Sulpice en Bugey.

ABBÉS COMMENDATAIRES.

1431. — Pierre de Bolomieu.
1444. — Perceval de la Baume.
1473. — Sébastien d'Orlié.
1516. — Claude d'Estavayé, évêque de Belley.
1538. — Alexandre Farnèse, cardinal.
1540. — Claude de la Guiche, évêque d'Agde et de Mirepoix.
1550. — Le cardinal de Saint-George.
1589. — Alphonse del Bene, évêque d'Alby, et sénateur.
1605. — Sylvestre de Saluce, sénateur.
1620. — Adrien de Saluce, sénateur.
1652. — Antoine de Savoie, gouvern^r de Nice et conseiller d'état.
1688. — Jean-Baptiste Marelly, sénateur, et dernier abbé commendataire d'Hautecombe.

Depuis 1826, époque de la restauration de cette abbaye royale, sa majesté n'a pas nommé d'*abbé d'Hautecombe*. Le monastère a été administré successivement par dom Démarest, — dom Arcasio, — dom Comino, qui avaient le titre d'*abbé* dans l'ordre de Citeaux, sans avoir celui d'*abbé d'Hautecombe*, et ensuite par les révérends pères prieurs dom Hilarion Ronco, — dom Jean de la Croix, et dom Claude Curtet, maintenant en fonction.

Le couvent renferme actuellement neuf religieux prêtres : — dom Claude Curtet, prieur, — dom Hilarion Ronco, — dom Jean de la Croix, — dom Humbert Lacombe, — dom Charles Gotteland, — dom Pierre Bovagnet, — dom Camille Bouvier, — dom Paul Gagneux, — dom Joseph Tremay.

(32) Voyez dans Guichenon l'histoire de ces princes.
(33) Notice histor. et descript., par M. le chanoine Vibert, p. 7.
(34) Guichenon, Preuves, vol. III, page 47.
(35) Guichenon, vol. I, page 250. (Vie du comte Thomas.)
(36) Guichenon, vol. II, page 1088. (Vie de Louis II.) — Depuis le traité conclu entre Charles-Emmanuel I et Henri IV, le 17 janvier 1601, par lequel la Bresse et le Bugey furent abandonnés à la France, en échange du marquisat de Saluce, l'abbé d'Hautecombe releva des rois de France pour la seigneurie de Lavour.

(37) Dictionnaire de Droit, par Ferrières, au mot *Fourches*.

(38) Clerjon, Histoire de Lyon. — Dagier, Histoire de l'Hôtel-Dieu de Lyon.

(39) Dagier, déjà cité. — De Héricourt, Lois ecclésiastiques de France, H. IV, p. 139, édition de Neuchâtel.

(40) Guichenon, vol. I, page 237. (Vie d'Humbert III.) — Le monument d'Humbert III était le seul qui fût resté debout dans le cloître; il fut placé dans l'intérieur de l'église lors des réparations et reconstructions qui furent faites peu de temps avant la révolution française.

(41) Théâtre du Piémont et de la Savoie, au chapitre sur Haute-combe.

(42) On peut s'en assurer par des vestiges d'anciennes voûtes qui subsistent encore au-dessous du toit de l'église: leur hauteur au-dessus des dalles de la nef centrale est de quatorze mètres trente-deux centimètres.

(43) Procès-verbaux des fouilles exécutées à Hautecombe, sous date des 11, 13, 14, 15 et 17 janvier 1825. — Procès-verbal de la découverte faite le 5 août 1826. (Regist. de l'archevêché sur l'abbaye royale d'Hautecombe, pages 1 et 60.

(44) Cabias, édition de 1702, page 17.

(45) Dictionnaire de Moreri, au mot *Licinius*. — Crevier, Hist. des Empereurs, vol. XII, page 121 de l'édition de 1755. — Lebeau, Histoire du Bas-Empire, vol. I.

(46) Nuovo leggendario delle santissime Vergine, le quali vollero morire per il nostro signor Gesù Cristo, e per mantenere sua santa fede e la loro verginità. — In Lucca, per Salvatore e Gian. — Dom. Marescand, p. 106.

(47) Cabias, page 19. — Nous avons rapporté cette inscription au second chapitre, page 55.

(48) Registres de l'archevêché sur l'abbaye royale d'Hautecombe. Sommaire-apprise du 29 août 1826, page 88. — Procès-verbal de l'identité des reliques de sainte Erine, par Mgr Billiet, qui les a déposées dans le beau reliquaire que S. M. Charles-Félix a envoyé à Hautecombe. (Même registre, page 91.)

(49) La position militaire de la Savoie, ouverte et sans défense du côté de la France, lui fit éprouver toutes les calamités de la guerre dans les différends qui eurent lieu entre les maisons d'Autriche et de Bourbon.

L'invasion de François I, roi de France, a duré depuis 1536 jusqu'au traité de Cateau-Cambresis, du 3 avril 1559, par lequel le duc Emmanuel-Philibert obtint la restitution de ses états, après avoir remporté la célèbre victoire de Saint-Quentin.

Celle de Henri IV, depuis 1600 jusqu'au traité de Lyon, du 17 janvier 1601.

Celle de Louis XIII, depuis 1630 jusqu'au traité de Cherasco, du 6 avril 1631.

Celles de Louis XIV, depuis 1690 jusqu'au traité du 29 août 1696, et depuis 1703 jusqu'à la paix d'Utrech, du 11 avril 1713.

Celles des armées française et espagnole, depuis 1742 jusqu'au traité d'Aix-la-Chapelle, du 18 octobre 1748.

Enfin, les armées françaises commandées par le général Montesquiou, envahirent la Savoie et firent leur entrée à Chambéry le 26 septembre 1792. Cette ville resta sous la domination française jusqu'à l'acte de rémission du 15 décembre 1815, en exécution du traité du 20 novembre précédent.

La Maurienne, la Tarentaise et quelques autres parties de la Savoie avaient déjà été restituées à nos princes par le traité de Paris du 30 mai 1814.

Ces différentes invasions ont produit un interrègne de 70 ans env.

(50) Voyez la bulle pontificale du 11 avril 1752. — Reg. eccl. du Sénat de Savoie, vol. 20, page 285. — Théâtre de la Savoie, au chapitre sur Hautecombe, etc.

(51) Les registres ecclésiastiques du Sénat fournissent entre autres les traces d'un procès acharné entre dom Jean-Baptiste Marelly, dernier abbé commendataire d'Hautecombe, et le prieur claustral, qui prétendaient avoir, chacun exclusivement, le droit de nommer le sacristain de Saint-Innocent. (Reg. eccl., vol. 3, p. 101 ; — vol. 5, p. 8, etc.)

(52) Répertoire du Sénat, de 1550 à 1553, fol. 12.

(53) Registre ecclésiastique du Sénat, vol. 5, p. 8.

(54) Registre eccl., vol. 5, p. 8.

(55) Répertoire de 1639 à 1646, p. 332.

(56) Transaction du 2 février 1698, Verdet notaire ducal et royal, entre dom Jean-Baptiste Marelly, abbé d'Hautecombe, et noble dom dominique de Vidome de Villy, prieur, et révérend dom Louis Lalidre, procureur des religieux de ladite abbaye, insinué le 3 février au bureau du tabellion de Chambéry, vol. 1 de l'année 1698, page 245. — Dom J.-B. Marelly, dernier abbé commendataire d'Hautecombe, avait été nommé par bulles pontificales du 7 septembre 1688. (Répertoire de 1687 à 1691, fol. 83.)

(57) Reg. eccl. du Sénat, vol. 6, p. 80.

(58) Frezet, Histoire de la maison de Savoie, vol. III, p. 200.

(59) Théâtre de Savoie, au chapitre sur Hautecombe.

(60) Reg. eccl. du Sénat, vol. 20, p. 285.

(61) Reg. eccl. du Sénat, vol. 20, p. 288.

(62) Reg. eccl. du Sénat, vol. 20, p. 291.

(63) Reg. eccl. du Sénat, vol. 25, p. 6.

(64) Reg. eccl. du Sénat, vol. 12, p. 10.

(65) Reg. eccl. du Sénat, vol. 28, p. 396.

(66) Reg. eccl. du Sénat, vol. 29, p. 111. — Le linceul qui enveloppait le corps de N. S. Jésus-Christ, lorsqu'il fut enseveli après son crucifiement, est l'une des plus précieuses reliques de la chrétienté (elle est connue sous le nom de *Saint-Suaire*). Elle parvint au duc Louis de Savoie, en 1452, de la comtesse Marguerite de Charny, femme du comte Humbert de la Roche. Elle fut déposée d'abord dans l'église des Franciscains de Chambéry, qui est aujourd'hui l'église métropolitaine. Le duc Philibert II la fit transporter solennellement, le 11 juin 1502, dans la Sainte-Chapelle du château de Chambéry, et le duc Emmanuel-Philibert la fit venir de Chambéry à Turin en 1578. Elle est maintenant déposée dans la magnifique chapelle construite derrière le chœur de l'église métropolitaine de Turin. (Commentaires sur le Saint-Suaire, par le père Piano, vol. I, pages 321 et 326.)

(67) Procès - verbaux de l'Assemblée nationale des Allobroges, page 44.

(68) Registres du bureau de l'insinuation, à Chambéry.

(69) Sommaire-apprise du 26 mai 1825. (Regist. de l'archevêché, pag. 19 et suiv.

(70) Cette fabrique fut établie l'an 1800. (Déposit. de Rd Michel Rolland ; même registre, page 26.)

(71) Recueil des Edits et Manifestes publiés dans le duché de Savoie depuis 1814, vol. IX, pages 296 et 302.

(72) Récit du voyage en Savoie de LL. MM. le Roi de Sardaigne Charles-Félix et la Reine Marie-Christine, et de S. A. R. madame la duchesse de Chablais, et de leur séjour à Chambéry en 1824, p. 63.

(73) Son excellence M. le marquis d'Oncieux de la Bâthie, lieu-tenant - général, chevalier de l'ordre suprème de l'Annonciade, ministre d'état, etc., etc., honoré de la confiance particulière du Roi Charles - Félix, s'est distingué dans sa carrière politique par d'éclatants services rendus à l'état. On lui doit entre autres l'habile réorganisation du corps des carabiniers - royaux. Son mérite supé-rieur le place au rang des hommes illustres auxquels la Savoie s'honore d'avoir donné le jour.

(74) S. Exc. M. le comte Barbaroux, l'un des premiers juriscon-sultes d'Italie, mort à Turin en 1843, ministre d'état, garde-des-sceaux de S. M., et mon père Pierre Jacquemoud, avocat patrimo-nial de S. M. Charles-Félix.

(75) Registres des bureaux de l'insinuation de Chambéry. — Cette magnifique propriété, composée de vignes, prés, champs et bois, a une étendue de près de deux cents hectares.

Charles - Félix voulant terminer toutes les contestations qui pou-vaient naître au sujet des forêts acquises par cet acte, nomma, par billet royal du 10 septembre 1826, une commission composée de S. Exc. le comte Gloria, premier président du Sénat de Savoie, du chevr Falquet, avocat-fiscal-général, et du chevr Pullini, intendant-général ; il la chargea de régler amiablement les droits de ces com-munes, en leur laissant la propriété d'un cantonnement de bois suffisant à leurs besoins, en contradictoire de son avocat patrimonial, P. Jacquemoud, chargé de défendre les intérêts du monastère. Les intentions du Roi furent remplies à la satisfaction des parties inté-ressées, par les transactions des 10 et 11 mai 1827, Nicoud notaire à Chambéry, approuvées par billet royal du 27 juin 1827. Les pièces originales des travaux de cette commission sont déposées aux archi-ves du Sénat de Savoie, dans un rouleau de ferblanc.

(76) Procès-verbaux des fouilles. (Regist. de l'archev., p. 1 et s.)

(77) Même règistre, page 16, 19, 47 et suiv.

(78) Procès-verbaux de Mgr l'archevêque de Chambéry, des 5 et 6 août 1826 ; ils furent signés par tous les nobles assistants. (Idem, p. 60 et 65.)

(79) Procès-verbaux des 18 juillet et 6 août 1826. (Id., p. 55 et 65.)

(80) Procès-verbal de Mgr l'archevêq., du 5 août 1826. (Id., p. 77.)

(81) Procès-verbal de Mgr l'archevêq., du 6 août 1826. (Id., p. 65.)

(82) Billet royal du 6 août 1826. (Id., p. 80.)

(83) Voyez cette inscription au chapitre deuxième, page 25.

(84) Procès-verbal de reconnaissance et de dépôt dans le cercueil

du corps du feu Roi Charles-Félix, fait à Turin le 2 mai 1831, dans le Palais-Madame. — Acte constatant sa translation de Turin à Chambéry, du 9 mai. — Procès-verbal de sa translation de Chambéry à Hautecombe, et de son inhumation dans le caveau de la chapelle de Belley, le 11 mai. (Id., p. 103, 113, 130, 143.)

(85) Brefs de Sa Sainteté, des 15 avril 1831, 29 juin 1832, 12 mars 1833 et 10 juin 1838. (Id., p. 97, 170, 188 et 226.)

(86) Sa sainteté le pape Grégoire XVI a décerné, le 1er septembre 1838, les honneurs du culte public aux bienheureux Humbert et Boniface de Savoie, sur la demande de S. M. Charles-Albert, représenté par S. Exc. M. le comte Broglia de Monbello, son ministre plénipotentiaire à Rome. Je me fais un devoir d'offrir à cet illustre diplomate l'expression de ma vive gratitude pour les témoignages particuliers de bienveillance dont il m'a honoré pendant mon séjour à Rome, en 1841.

(87) Dispositions royales du 9 octobre 1834. — Concession, dans l'audience du 7 septembre 1839, aux religieux d'Hautecombe, du droit de pêche sur le lac, dans toute la longueur de leurs propriétés, jusqu'à la ligne tirée de Terrenue à Châtillon.

(88) S. A. R. Mgr le prince Eugène de Savoie-Carignan est venu plusieurs fois à Hautecombe en 1843, pendant que S. M. Marie-Christine y faisait son séjour.

(89) Le premier mémoire qui, depuis 1824, ait paru sur Hautecombe, est dû à la plume de M. le marquis Paul d'Oncieux de Chaffardon. C'est à l'aide de ses recherches historiques et de ses indications, qu'on a pratiqué des fouilles sous les décombres de l'église, en 1825, et retrouvé les anciens caveaux. — Voici les titres de quelques autres ouvrages publiés sur l'abbaye royale d'Hautecombe : Notice historique et descriptive, par M. le chanoine Vibert. — Notice, par M. J.-L. Cot. — Poésies, par Mlle de Sacernau. — Stations poétiques, par M. J.-P. Veyrat. — Il paraîtra vers le milieu de 1844, aux frais de S. M. Marie-Christine, un magnifique ouvrage in-folio, en texte italien, orné de gravures, commencé par le célèbre marquis Biondi, de Rome, et continué après sa mort par mon savant ami et collègue, M. le chevalier Cibrario, de Turin.

TABLE

Avec permission.

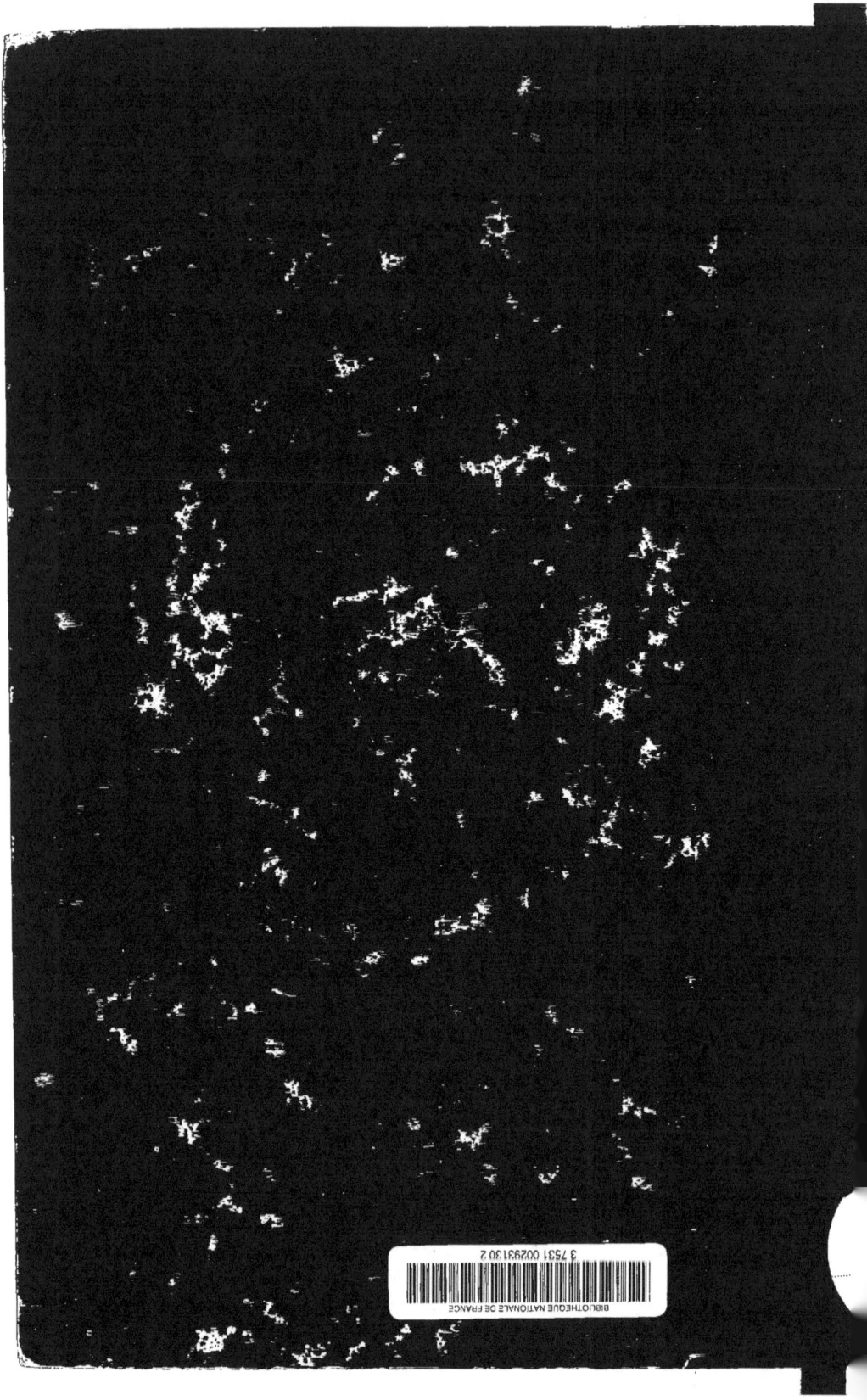

www.ingramcontent.com/pod-product-compliance
Lightning Source LLC
Chambersburg PA
CBHW051142260626
47170CB00005B/1931